BEN MARCUS

WELLEN REITEN
BASICS

❯ AUSRÜSTUNG ❯ SPORTS ❯ TECHNIK

DELIUS KLASING VERLAG

Danksagung
Mein herzliches Dankeschön an Jefferson »Zuma Jay« Wagner, Carla Rowland, Cory
Bluemling, Rochelle Ballard, Lucia Griggi, Brie Gabrielle, Joe Dalsanto und auch an
Patricia Dwyer, die den Teil über die Neoprenanzüge und das Glossar zu diesem
Thema verfasst hat. Und natürlich an den Meeresgott Neptun für all die guten Wellen.

Fotos: Fernando Aguerre Collection/Juliana Morais: S. 18–200; Mircea Bezergheanu/
Shutterstock: S. 46 li; John Bilderback: S. 167; Alain Cassiede/Shutterstock: S. 146–
149; Bonita R. Cheshier: S. 4; Richard Clarke/Shutterstock: S. 11; Dave Collyer:
S. 173; Epic Stock/Shutterstock: S. 4 li, 14, 15 li, 30 o re, 74 li, 102 re, 121 li, 134,
135; Michelle Geft: S. 7, 124; Javis Gray/Shutterstock: S. 142; Lucia Griggi: S. 6 u,
13, 15, 16, 33, 76, 104–106, 136, 139, 151 o, 158, 184; Susan Harris/Shutterstock:
S. 153; Jeanne Hatch/Shutterstock: S. 128; Mana Photo/Shutterstock: S. 133, 151 u,
162; Ben Marcus: S. 27; Courtesy Nexus Surf School: S. 188; Ocean Image Photo-
graphy/Shutterstock: S. 156; Phase 4: S. 30 li; Courtesy John Philbin: S. 99; Photo-
gerson/Shutterstock: S. 157; Privat: S. 4 Mi; Kimberly Ann Reinick/Shutterstock:
S. 150; Nicholas Rjabow/Shutterstock: S. 115; Kristin Scholtz/ASP/CI via Getty
Images: S. 152; Shutterstock: S. 8, 110, 121 re, 131 li, 155, 194 re; Soul Arch Photo-
graphy: S. 190; Mari Stanley,courtesy Association of Surfing Lawyers and Nat Young:
S. 122; Jenny Stewart/SurfSister.com: S. 29; Treasure Dragon/Shutterstock: S. 187;
T-Stick: S. 193; Fernando Jose Vasconcelos Soares/Shutterstock: S. 131 re; Karen
Wilson: S. 165; Ian Zamora: S. 47.

Bibliografische Information der Deutschen Nationalbibliothek
Die Deutsche Nationalbibliothek verzeichnet diese Publikation in der
Deutschen Nationalbibliografie; detaillierte bibliografische
Daten sind im Internet über http://dnb.d-nb.de abrufbar.

1. Auflage
ISBN 978-3-7688-3378-3
Die Rechte für die deutsche Ausgabe liegen beim Verlag
Delius, Klasing & Co. KG, Bielefeld

Übersetzung: Florian Gebbert
Lektorat: Birgit Radebold, Kirsten Panzer-Gunkel
Fotos: Kara Kanter
Design und Layout: Katie Sonmor, Erin Fahringer, Sandra Salimony
Satz: Bernd Pettke · Digitale Dienste, Bielefeld
Umschlaggestaltung: Gabriele Engel
Printed in China 2012

Delius Klasing Verlag, Siekerwall 21, D - 33602 Bielefeld
Tel.: 0521/559-0, Fax: 0521/559-115
E-Mail: info@delius-klasing.de
www.delius-klasing.de

Inhalt

1

Warum wir surfen: Eine faszinierende Passion!

Erinnert ihr euch an den Hollywoodfilm *Gefährliche Brandung* von 1991? Keanu Reeves geht in einen Surfshop direkt am Strand, um sich ein Anfängerbrett zu kaufen. Da trifft er diesen jungen Surfer, diesen

Wellen können so unterschiedlich sein wie Menschen. Es ist ein Riesenabenteuer, sie alle kennenzulernen (links unten).
Der Autor als junger Surfer mit seinem Brett, etwa 1973 (Mitte).
Eine hawaiianische Blumenkette am Strand (rechts).

Surfer auf Hawaii, dargestellt von dem Missionar Reverend J. G. Wood in seinem Buch *The uncivilized races of man in all countries of the world*. Auch damals sahen Wellenreiter schon glücklich aus.

Grommet, der im Shop arbeitet. Der Junge ist vielleicht 13 Jahre alt, braungebrannt, und seine Haare sind von der Sonne total ausgeblichen.

Reeves spielt den FBI-Agenten Johnny Utah. Er will surfen lernen, um sich in eine Gruppe von Surfern einzuschleusen, die Banken ausraubt. Der junge Surfer erzählt dem Undercover-Agenten begeistert von der Bedeutung des Surfens in seinem Leben: »Surfen ist der Ursprung von allem, Mann. Ich schwöre dir, das wird dein Leben verändern.«

Das klingt vielleicht ein bisschen abgedroschen. Aber im Grunde hat der Junge nicht ganz Unrecht. Surfen ist wie eine lange Reise voller Abenteuer. Es beginnt mit dem ersten Schritt in den Ozean.

Ich habe auch ungefähr im Alter des Jungen angefangen zu surfen. Aufgewachsen bin ich in Santa Cruz in Kalifornien, einem der absolu-

ten Surfmekkas weltweit. Mein erstes Brett hat mir der Shaper Doug Haut in den 1970ern gebaut, als Surfbretter sich gerade von Longboards zu kürzeren Shapes hin entwickelten.

Es wurde viel experimentiert in dieser Zeit, was zu verrücktesten Surfbrettformen führte. Im Nachhinein betrachtet, war mein erstes Board auch etwas merkwürdig. Aber ich habe es geliebt. Fast jeden Tag bin ich damit vier Kilometer von der Siebten Straße zu Fuß bis nach Cowell's Beach gelaufen. Ich streunte mit meinem Surfbrett über die Strandpromenade runter an den Strand und paddelte dann raus in den Ozean, wo ich oft viele Stunden zubrachte. Ich lernte surfen an einem der besten Anfängerspots in Kalifornien, vielleicht sogar der ganzen Welt.

Ich war zu der Zeit etwas verloren in der Welt. Ein Kind aus einer geschiedenen Ehe und gerade in der Pubertät. Eigentlich hätte ich eine gewisse Führung gebraucht – wie alle Jugendlichen in dem Alter. Das einzig Positive an der Scheidung war unser Umzug von Santa Cruz

Surfen damals. Synchronschwimmerin Esther Williams posiert als Surferin, etwa 1940 (links).
Surfen heute. Falls du ein Leben voller Abenteuer suchst, das Surfen kann es dir schenken.
Du kannst überall surfen, aber du wirst niemals jede Welle der Welt gesurft haben (unten).

Viele surfen, weil sie den Ozean lieben, andere mögen das Körpergefühl, wenn ihre Muskeln durchs ständige Paddeln zulegen.

Valley direkt nach Santa Cruz. Ich kam so leichter an den Strand und konnte noch öfter surfen gehen. Kinder aus zerbrochenen Familien fühlen sich oft allein gelassen und einsam. Ich habe das bei vielen Surfern erlebt. Auch bei berühmten Surfern wie Miki Dora oder Kelly Slater. Als der familiäre Halt fehlte, wandten sie sich dem Ozean zu. Der scheint eine heilende Wirkung zu haben.

So war es wohl auch bei mir. Ich habe gelernt, dass es fast unmöglich ist, sich schlecht zu fühlen oder depressiv zu werden, wenn man täglich einige Stunden im Wasser ist. Die Endorphine und das Adrenalin sind einfach zu überwältigend. Deshalb surfte ich, wann immer es nur ging, und machte jeden Tag diesen langen Fußmarsch mit meinem schweren Surfbrett. Dabei hatte ich einen viel zu dicken Tauchanzug an, den ich im O'Neill-Tauchshop gekauft hatte, weil ich es einfach nicht besser wusste. Das Surfen fühlte sich unheimlich gut an. Ich verlor Gewicht und ernährte mich gesund.

Surfen kann einem fast unwirklich vorkommen: Du sitzt weit draußen auf dem Meer auf einem Stück Plastik, den Himmel über dir und den grenzenlosen Ozean unter dir. Und dann nutzt du deine ganze Erfahrung und Kraft, um diese energiegeladenen Wasserberge zu reiten, die tausende Kilometer entfernt entstanden sind.

Wenn ich zu Hause traurig war, fühlte ich mich durchs Surfen sofort besser. Durch den ganzen Sport und die Bewegung schlief ich wie ein Baby. Dachte ich zumindest. Meine Mutter hat mir allerdings etwas anderes erzählt. Ich lief nachts durch die Küche und hatte ein Kissen unter dem Arm. So wie ich normalerweise mein Surfbrett trug. Meine Mutter sah mich und fragte: »Ben, ist alles in Ordnung?« Ich antwortete: »Ja schon, aber ich kann die Wellen nicht finden.« Dann ging ich wieder ins Bett. Schlafwandelnd. Glücklich, dass ich ein Surfer war.

Erstaunlicherweise war das mit die schönste Zeit in meinem bisherigen Leben: kilometerweites Marschieren zum Strand in einem völlig falschen Surfanzug und mit einem merkwürdigen Board unter dem Arm. Einfach in Cowell's Beach rauspaddeln und die Geheimnisse des Meeres erkunden. Lernen, wie man surft.

Surfen zu lernen gehört mit Sicherheit zu den härtesten Dingen, die man tun kann. Aber wenn du es lernst, dabei bleibst und irgendwann so oft wie möglich auf dem Wasser bist, dann werden sich die am Anfang investierte Zeit, das Geld, jeder Sonnenbrand und alle Mühen 1000-fach auszahlen. Surfen wird dein Leben bereichern. Es ist gut für deine Gesundheit. Du erlebst Abenteuer, die du nie für möglich gehalten hättest. Du schließt Freundschaften, hörst jede Menge Geschichten, und nicht zuletzt bist du immer braungebrannt.

Bestimmt kennst du all die Sprüche auf tausenden Surfstickern:

»Nur ein Surfer kennt das Gefühl.«

»Surfen ist besser als Sex.«

»Surfen ist meine Sucht.«

»Arbeiten ist für Leute, die nicht surfen.«

»Wenn du nicht surfst, fang besser nicht damit an. Wenn du surfst, höre niemals damit auf.«

Du hast die Sprüche sicher alle schon mal gelesen und, ehrlich: Sie sind alle wahr! Von den gestählten Muskeln bis zu den Endorphinen in deinem Gehirn. Bessere Ernährung, besserer Schlaf, ein besseres Gefühl. Das Leben wird einfach besser, wenn du surfst.

Trotzdem wiederhole ich es noch einmal: Surfen lernen ist nicht leicht. Der Ozean kann einem Angst machen, und selbst sportliche Menschen müssen neue Muskelgruppen trainieren und ein anderes Balancegefühl entwickeln. Ein erfahrener Lehrer kann aber helfen. Man muss viele Dinge beachten: Welches Surfbrett hat die passende Länge und genügend Auftrieb für dich? Was für einen Neoprenanzug oder Schuhe solltest du tragen? Auf welche Seite des Boards muss man das Wachs auftragen? Wie liegst du am besten beim Paddeln auf deinem Brett? Wie paddelst du am besten durch die brechenden Wellen raus und findest den perfekten Platz, um Wellen zu bekommen? Wie schaffst du es auf die Füße? Und was machst du, wenn du dann stehst?

Manche Menschen sagen, Surfen ist wie eine Droge. Und … sie haben recht! Das Essen schmeckt besser, die warme Dusche fühlt sich intensiver an, und du schläfst wie ein Baby.

Surfen lernen bedeutet, sich selbst und die Geheimnisse des Meeres kennenzulernen. Beides musst du dann nur noch verbinden. Ins Wasser zu gehen und sich das alles selbst beizubringen, ist ein Weg. Aber das größte Hindernis ist meistens weder die Psyche, noch sind es die körperlichen Fähigkeiten. Es ist einfach die Zeit, die fehlt. Man braucht eine gewisse Zeit, um surfen zu lernen. Man kann sie allerdings verkürzen, wenn man sich einen erfahrenen Lehrer nimmt, der einen direkt aufs richtige Brett stellt und den passenden Spot aussucht. Jemand, der sagt, welches Bein vorn stehen muss, ob goofy oder regular.

Viele sind dem Surfen geradezu verfallen. Sie lieben den Ozean und das Gefühl im Körper, wenn man richtig viel gepaddelt ist. Du kannst vieles beim Surfen lieben, von Sonnenauf- bis Sonnenuntergang. Selbst im Vollmond ist es wunderbar, wenn die Algen unter dir und zwischen deinen Händen fluoreszieren. Es kann fast unwirklich sein da draußen auf dem Meer: Du sitzt auf einem Stück Plastik, den Himmel über dir und den grenzenlosen Ozean unter dir. Du nutzt deine Erfahrung und deine Kraft, um diese energiegeladenen Wasserberge zu reiten, die tausende Kilometer entfernt entstehen. Wellen, die in den Weiten des Ozeans aus mächtigen Stürmen hervorgehen. Diese Kräfte ordnen sich und schieben sich über das Meer. Sie nähern sich Stränden, Flussmündungen und laufen über Riffe, wo sie zu Wellen geformt werden. Wellen können so verschieden sein wie Menschen. Eines der großen Abenteuer beim Surfen ist es, so viele Wellenarten wie möglich kennenzulernen.

Du startest am Strand vor deiner Haustür und kämpfst dich durch die ersten Schritte. Wenn du dann langsam besser wirst, erschließt sich dir ein ganzer Kosmos voll neuer Wellen und Erfahrungen: lange, perfekte Wellen, die über 400 Meter und mehr an einem australischen Point brechen. Exotische Riffwellen auf den Mentawai-Inseln in Indonesien. Oder die Beachbreaks an der französischen Atlantikküste, wo der ablandige Wind dir den Geruch von Krabben und Weinfässern in die Nase steigen lässt.

Wenn du ein Leben voller Abenteuer möchtest, solltest du mit dem Surfen beginnen. Du kannst überall surfen, aber du wirst trotzdem niemals alle Wellen gesurft haben. Auch wenn du ein gesundes Leben suchst, ist Surfen das Richtige für dich. Wenn du nie mit dem Surfen aufhörst, wirst du einen starken Rücken, starke Arme und natürlich immer eine gute Haut haben, vorausgesetzt du nimmst genug Sonnencreme. Und natürlich einen echten Waschbrettbauch vom ganzen Paddeln.

Wenn man all die Vorzüge des Surfens in Flaschen abfüllen und verkaufen könnte, würde man sicher ein gutes Geschäft machen.

Surfen ist für dein Inneres wie für dein Äußeres gut. Du willst mal so richtig beim Essen reinhauen? Dann geh sechs Stunden in 12 Grad kaltem Wasser in zwei bis drei Meter hohen Wellen surfen. Du wirst sehen, was für einen Hunger du dann hast. Du kannst anschließend so viel essen, wie du willst. Dein Körper braucht nach so einer Anstrengung jede Extrakalorie, die er kriegen kann.

Surfers Lexikon

Wer **regular** auf dem Brett steht, steht mit dem linken Bein vorn.

Wer **goofy** auf dem Brett steht, steht mit dem rechten Bein vorn.

Ein begeisterter kleiner Grom schnappt sich eine Welle und zeigt, wie es läuft. Sein Grinsen ist ungefähr so breit wie der Ozean.

Ein Surfer schlitzt auf einer Welle und haut jede Menge Spray in den Himmel.

Und jetzt ruf dir noch mal das Ende von *Gefährliche Brandung* ins Gedächtnis. Johnny Utah hat den bösen Buben gestellt. Er schnappt Bodhi, gespielt von Patrick Swayze, auf der anderen Seite der Welt, in Bell's Beach im australischen Bundesstaat Victoria. Gerade in dem Moment, als Bodhi hinauspaddeln will, um die Monsterwellen eines Jahrhundertsturms zu reiten. Die beiden sind Todfeinde, aber was ist das Erste, was sie einander erzählen? »Surfst du noch?«, fragt Bodhi. »Jeden Tag«, antwortet Johnny Utah. Und auch das stimmt. Wenn du einmal angefangen hast und dich das Surfen gepackt hat, wird es dir genauso gehen. Surfen ist der Ursprung. Es wird dein Leben verändern. Ich schwöre es dir.

In diesem Buch findest du meine eigenen Erfahrungen und das Wissen vieler sehr viel besserer Surfer. Es soll dir helfen, die ersten schweren Schritte in dieses neue Leben zu gehen.

2

Das passende Surfbrett

Viele Anfänger machen den großen Fehler, dass sie sich ein viel zu kleines und zu kurzes Brett aussuchen. Je breiter und dicker ein Surfbrett ist, desto mehr Auftrieb hat es, und viel Auftrieb ist für einen Anfänger wie Radfahren mit Stützrädern. Es gibt eine ganz einfache Formel:

viel Geschwindigkeit + viel Stabilität = leichteres Wellenreiten

Viele Anfänger machen den großen Fehler, dass sie sich ein viel zu kleines und zu kurzes Brett aussuchen. Je breiter und dicker ein Surfbrett ist, desto mehr Auftrieb hat es (unten links). Die Menge an unterschiedlichsten Surfbrettern und allein an verschiedensten Finnen kann auf einen Anfänger schon abschreckend wirken (rechts).

Jefferson »Zuma Jay« Wagner ist immer schwer beschäftigt. Zwischen seinen Jobs als Stadtrat in Malibu und als Surfshop-besitzer findet er kaum noch Zeit, sich umzuziehen. Um Zeit zu sparen, lässt er schon mal seinen Anzug an (links).

Shortboards hinter ihm und Longboards über ihm, so erklärt Zuma Jay Surfneulingen, welches unter den vielen verschiedenen Surfbrettern für sie das richtige ist. Vom 1½-Meter-Fish bis zum 3¾ Meter langen SUP hat Zuma Jay alles auf Lager. Es gibt viele Boards, zwischen denen man sich entscheiden kann. Die richtige Wahl kann den Unterschied zwischen surfen und ins Wasser fallen ausmachen (unten).

Für Anfänger ist es im Wasser zu Beginn oft so unangenehm wie für Babyenten an Land. Mit dem falschen Brett zu starten erschwert das Ganze zusätzlich und macht es nicht selten unmöglich. Als heimischer Surfer in Malibu oder Australien siehst du das immer wieder: Anfänger quälen sich mit viel zu kleinen Boards herum. Oft sind das Bretter, mit denen sogar ein erfahrener Surfer seine Mühe hätte. Zuma Jays Surfshop liegt am Pacific Coast Highway in Kalifornien, direkt südlich der Malibu-Pier. Da kommen täglich frische Surfer rein und sehen sich nach dem passenden Brett um. Zuma Jay, auch bekannt als Jefferson Wagner, hat diesen Shop schon seit 1975. Seit über 35 Jahren hilft er Anfängern, das richtige Brett zu finden. Die meisten kommen in Zumas Geschäft und machen Augen wie kleine Kinder im Süßigkeitenladen. Alle diese bunten und unterschiedlichen Surfbretter. Es gibt jede Menge schnittige und schicke Bretter, die von den coolsten Surfern der Welt gefahren werden. Die sind auch schön, um ein bisschen von der eigenen Zukunft als Surfer zu träumen. Aber das Beste, was du als Anfänger machen kannst, ist, dass du dir quasi Dessous von Victoria's Secret nur ansiehst und dann mit einer Wollunterhose das Geschäft verlässt. Nutze den gesunden Menschenverstand.

Fortsetzung auf Seite 25

Surfbretter in allen Formen und Größen

Seit mehreren hundert Jahren werden Surfbretter immer weiterentwickelt. Angefangen mit dem Wiliwili oder den Redwood-Olos und -Alaias der Polynesier über die moderneren Bretter aus Balsaholz, später dann aus Fiberglas oder Kunstharz bis hin zu den heute üblichen Materialien und Bauweisen. Heutzutage gibt es eine Unmenge verschiedener Shapes und Materialien. Für Anfänger kann das recht verwirrend sein. Vielleicht hilft dieser kurze Abriss durch die Geschichte der Surfbrettentwicklung bei der Brettwahl weiter.

Das Bodyboard

Früher ritten die Polynesier Wellen bauchwärts liegend auf dem sogenannten Paipo. Das wurde aber schnell von der moderneren Form des Surfens im Stehen abgelöst.

In den 1970er-Jahren entwickelte der Malibu-Surfer Tom Morey das Morey Boogie, ein etwa 1,4 Meter langes und 58 Zentimeter breites Brett aus Polyethylenschaum. Man ritt es ebenfalls liegend auf dem Bauch. Morey startete damit einen neuen Hype. Schnell kamen auf ein verkauftes normales Surfbrett vier dieser Bodyboards. In einigen Wellen ist ein Bodyboard auch heute noch sinnvoll. An vielen Spots ist das Bodyboarden aber quasi verboten, wenn auch nur durch ungeschriebene Gesetze.

In den frühen Jahren der Surfgeschichte waren am Strand von Waikiki viele Touristen auf Surfbrettern unterwegs. Zum Beispiel auf so einem Redwood-Brett von 1930.

Alaia

Das ist ein traditionelles hawaiianisches Surfbrett aus dem 18. und 19. Jahrhundert. Im 21. Jahrhundert erlebte es bei einigen Surfern eine Renaissance. Ursprünglich ritten im früheren Hawaii normale Krieger so einen Shape. Einfach eine Holzplanke ohne Finne, die sie Alaia nannten. Die Könige ritten einen längeren Shape, den Olo. Die modernen Alaias sind zwischen 1,7 und 3 Meter lang, 1,3 bis 2,5 Zentimeter dick und 38 bis 46 Zentimeter breit. Eine Welle auf einem Stück Holz ganz ohne Finne zu reiten ist besonders schwer. Heutzutage gleiten die Alaiasurfer eher über das Heck, um Geschwindigkeit und Richtung zu kontrollieren.

Alaiaboards wurden von den Hawaiianern bis ins 20. Jahrhundert hinein geritten. Dieser 2,5 Meter lange Nachbau wurde 1998 vom Surfer und Boardshaper Greg Noll geshaped.

Longboard

Vor der sogenannten Shortboard-Revolution in den späten 1960er-Jahren waren alle Surfbretter Longboards. In den 1960ern kam das Longboarden aus der Mode. In den späten 1970ern erfuhr es allerdings eine Renaissance. Heute ist ein Longboard etwa 2 bis 3 Meter lang und hat eine runde Nose. Longboards sind länger, breiter und dicker als Shortboards. Daher ist es wesentlich einfacher, darauf zu paddeln und Wellen zu bekommen. Longboarden sieht völlig anders aus als Shortboardsurfen. Longboarder bewegen sich auf ihrem Brett vom Heck auf die Nose, während sie eine Welle reiten.

Ein klassisches Duke-Kahanamoku-Longboard von 1965. Das Brett ist drei Meter lang.

Olo

Die Olos waren bis zu fünf Meter lange Bretter aus massivem Holz. Sie durften ausschließlich von den polynesischen Königen geritten werden. Wurde ein gewöhnlicher Krieger mit so einem Brett erwischt, stand darauf die Todesstrafe. Um 1880 wurde die hawaiianische Monarchie langsam von den amerikanischen Interessen unterwandert, und die politische Bedeutung des Surfens trat in den Hintergrund. So auch die Olos. Um 1920 entdeckte der aus Wisconsin stammende Tom Blake das Olo im Bishop Museum auf Hawaii wieder und baute moderne Varianten des ursprünglichen Oloshapes. Mit dem Olo konnte man besser paddeln und mehr Wellen bekommen als mit dem Alaia. Das Olo von Tom Blake kann als Vorreiter der heute modernen Surfbretter gesehen werden.

Diesen 3,75 Meter langen Olo aus massivem Koaholz shapte Greg Noll als Erinnerung an die hawaiianische Urbevölkerung. Nur die Könige durften diese Bretter benutzen.

Der erste Held des Surfsports, der hawaiianische Surfer Duke Paoa Kahanamoku. Am Waikiki Beach steht er stolz vor einem turmhohen Oloboard.

Malibu oder Mini-Malibu

Mitte der 1950er-Jahre brachten einige Surfer aus Südkalifornien ihre neuen Bretter aus leichtem Balsaholz mit nach Australien, die sogenannten Malibu-Chip-Surfbretter. In Australien wurden Longboards allerdings schon immer Malibus genannt. Für einige ist ein Malibu also gleichbedeutend mit einem Longboard. Für andere ist es dagegen ein kürzeres Longboard, das schmaler ist, ein dünneres Heck hat und sich so besser manövrieren lässt. Es gibt auch Surfer, für die ein Malibu oder ein noch kürzeres Mini-Malibu gleichbedeutend ist mit einem Funboard (siehe S. 20). Normalerweise haben Malibus eine oder drei Finnen.

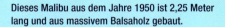

Dieses Malibu aus dem Jahre 1950 ist 2,25 Meter lang und aus massivem Balsaholz gebaut.

Serienbretter

Serienbretter werden schnell, günstig und in großer Stückzahl produziert. Es gibt verschiedene Herstellungstechniken. Normalerweise werden solche Bretter aus Formen gebaut und nicht von Hand geshaped und laminiert. Die ersten Serienbretter kamen 1959 auf den Markt. Sie wurden bis Ende des Jahrhunderts als billig und minderwertig angesehen. Richtige Surfer waren auf handgemachten Brettern unterwegs. Erst um das Jahr 2000 nahm der Shaper Randy French aus Santa Cruz Techniken aus der Windsurfbrettherstellung auf. Er begann mit der Produktion der Surftech Boards. Das waren zwar Serienbretter, aber sie waren dennoch stabiler und leichter als normale Surfbretter.

Hybrid

Zwischen Shortboard (bis 2 Meter) und Longboard (ab 2,70 Meter) gibt es die sogenannten Hybrid Shapes: durchschnittliche Bretter für durchschnittlich gute Surfer. Hybrids sind unter erfahrenen Surfern beliebt, die zu alt oder zu schwer für ein Shortboard werden. Aber auch unter Anfängern, die eine Zwischenstufe vom Longboard zum Shortboard suchen. Ein Hybrid ist etwa 2,40 Meter lang und etwa 56 Zentimeter breit. Die Nose ist so breit wie beim Longboard, aber das Heck eher so schmal wie beim Shortboard. Hybridbretter haben mehr Auftrieb und liegen stabiler im Wasser als Shortboards, sind aber nicht so groß und sperrig wie Longboards. Hybridbretter gelten gegenüber den Mini-Malibus und Funboards als wendiger.

Gun

Um 1964 galt Buzzy Trent als einer der besten Big-Wave-Surfer weltweit. Und er shapte außerdem Surfbretter. Während er gerade ein 3,70 Meter langes Big-Wave-Brett für den Malibu-Surfer Joe Quigg baute, meinte er: »Du jagst ja auch keine Elefanten mit einer Kinderpistole. Wenn du also große Wellen jagst, schnapp dir eine ganz große Gun.« Seitdem wurden Surfbretter für große und extreme Wellen immer als Gun bezeichnet. Big Wave Guns sind zwei Meter oder länger und sehen auf den ersten Blick wie Shortboards aus. Sie haben so viel Auftrieb, dass Surfer mit ihnen in große Wellen paddeln können. Die Nose ist spitz, das Heck sehr schmal, und die Outline sorgt für die Geschwindigkeit, die man in großen Wellen braucht. Guns, die zwei bis drei Meter lang sind, werden oft in heftigen Wellen genutzt. Kürzere Guns, die man zum Beispiel in Teahupoo, Tahiti, benutzt, werden auch Mini-Guns genannt.

Ein 2,75 Meter langes Gun aus Balsaholz von 1954.

Stand Up Paddelboard

Ein Stand Up Paddelboard, auch SUP genannt, ist etwa 5,50 Meter lang, bis zu 86 Zentimeter breit und fast 13 Zentimeter dick. Darauf steht man besonders stabil. Die Surfer nutzen ein Paddel, um sich in die Wellen zu befördern. Das geht zurück auf die Beachboys in Waikiki Ende des 19. und Anfang des 20. Jahrhunderts. Populär wurden die SUPs durch Laird Hamilton und Brian Keaulana zur Jahrtausendwende. SUP-Surfer haben gegenüber normalen Surfern ein paar Vorteile. Durch ihre erhöhte Position sehen sie Wellen viel früher kommen, und durch den Einsatz des Paddels kommen sie auch wesentlich schneller auf eine Welle.

Thrusterboard

1981 führte der australische Surfer und Shaper Simon Anderson dieses Surfbrett mit drei Finnen ein. Der Thruster hat eine zentrale große Finne und zwei kleinere Finnen außen, um den Längskräften entgegenzuwirken. Seit 1981 sind diese Thrusterbretter die am häufigsten verkauften und produzierten Boards. Dass Anderson kein Patent auf sein Design anmeldete, hat er später sicherlich stark bereut.

Shortboard

1967 sicherte sich der Australier Nat Young die Weltmeisterschaft am Ocean Beach in San Diego. Er surfte auf einem 2,80 Meter langen, sehr schmalen Brett, das er Magic Sam nannte, gegen David Nuuhiwa, der auf einem traditionellen, breiten Longboard im bekannten Noseridestyle surfte. Young gewann mit seinem neuen Surfstil, den er »Total involvement« nannte. Mit diesem Sieg begann die Shortboard-Revolution. Während der letzten 40 Jahre entwickelten sich daraus die sogenannten Potato Chip Boards von heute. Shortboards sind normalerweise zwischen 1,60 und 2 Meter lang. Sie sind zwischen 41 und 48 Zentimeter breit und haben eine spitze Nose. Das Heck kann verschiedene Formen haben. Die meisten Shortboards sind Thruster mit drei Finnen. Aber auch das Shortboard mit nur einer Finne ist niemals ganz aus der Mode gekommen.

Ein sehr dünnes, sehr breites Potato Chip mit einem sehr spitzen Heck aus dem Jahre 1975. Das Brett ist 2,25 Meter lang.

Softboard

Softboards sind ideal für Anfänger. Sie sind außen mit einer weichen Schaumschicht und nicht mit hartem Epoxyharz ummantelt. Softboards haben mehr Auftrieb und sind sicherer als normale Surfbretter. Normalerweise sind sie wie Funboards oder Longboards geshaped. Also das Beste, was man einem Anfänger zum Üben geben kann. Es gibt sogar Shortboards und andere Surfbretter, die aus diesen weichen Materialien sind.

Surftech Softboards – die idealen Surfbretter für Anfänger.

Twin-Fin

Diese Shortboards kommen mit nur zwei Finnen für Geschwindigkeit und Stabilität aus. Die Entwicklung der Twin-Fin-Bretter oder Twinser geht auf die 1940er-Jahre zurück. Sie wurden von Bob Simmons aus den großen Balsaholzsurfbrettern entwickelt. In den 1970ern wurden diese Shapes sehr populär. Mark Richard entwickelte zu der Zeit einen Twinser als seine Geheimwaffe und gewann damit vier Weltmeisterschaften. Auf Twinsern fährt man nicht so radikale Turns, sondern geht eher seitlich die Welle runter.

Funboard

Natürlich machen alle Surfbretter Spaß. Bretter, die Funboards genannt werden, gibt es in jeder Größe von 1,5 bis 2,4 Metern. Sie sind wie Longboards aufgebaut, aber dicker und breiter als normale Bretter, wodurch sie mehr Auftrieb und Stabilität haben. Das Heck beim Funboard ist sehr breit und die Nose rund. Erfahrene Surfer nutzen Funboards manchmal just for fun in sehr kleinen Wellen. Anfänger nutzen solche Bretter als Zwischenschritt vom Longboard zu kürzeren Brettern.

Fish

In den 1970ern kam auch der Fishshape auf. Er wurde aus den sogenannten Kneeboards, auf denen man kniend surfte, zu einem Shortboard mit zwei Finnen, runder Nose und einem breiten Schwalbenheck entwickelt. Ein Fish kann zwischen 1,5 und 2 Meter lang sein. Mit einem Fish macht man in kleinen bis mittleren Wellen besonders viel Geschwindigkeit. Man surft den Fish ebenfalls eher seitlich auf der Welle als mit radikalen vertikalen Turns. In den 1970ern ging aus dem Fish der Twinser hervor, der wiederum Vorbild für den Thruster war.

Ein Fish aus den 1970ern mit zwei Finnen, runder Nose und dem typischen breiten Schwalbenheck. Solche Bretter sind hervorragend geeignet, um viel Geschwindigkeit in kleinen und mittleren Wellen zu erreichen. Man surft sie weniger radikal als ein normales Shortboard.

Zuma Jay zeigt hier ein Funboard für durchschnittlich gute Surfer: »Für viele Surfer wird ein Brett in dieser Größe und mit so einem Shape richtig sein. Es ist aber kein reines Anfängerbrett. Es ist viel zu dünn. Außerdem ist die Nose zu spitz und die Kanten sind zu radikal geschnitten.«

Kaufen oder ausleihen?

Zuma Jay empfiehlt, das erste Surfbrett zu mieten. So kannst du erst einmal sehen, ob dir Surfen wirklich Spaß macht und du dabei bleibst:

»Miete erst eins – nicht gleich kaufen. Versuch ein normales Brett oder auch ein Softboard. Finde heraus, welches Brett für dich am besten ist, bevor du es kaufst. Das ist der beste Ratschlag, den ich einem Anfänger geben kann. Für mich als Shopbesitzer ist das sicherlich nicht so gut – aber ich bin ja ehrlich.«

Größentabelle – Longboard

Gewicht des Surfers (lb)	Brettlänge
100 bis 139	9' 0" bis 9' 2"
140 bis 159	9' 0" bis 9' 4"
160 bis 189	9' 4" bis 9' 6"
190 bis 210	9' 4" bis 9' 10"
211 bis 235+	10' 0"

Gewicht des Surfers (kg)	Brettlänge (cm)
45 bis 62	274 bis 280
63 bis 71	274 bis 286
72 bis 85	286 bis 292
86 bis 94	286 bis 299
95 bis 105+	305

Größentabelle – Funboard

Gewicht des Surfers (Pfund)	Brettlänge	Brettbreite	Brettdicke
40 bis 60	4' 2"	19,3"	2,3"
65 bis 120	5' 8"	20,0"	2,3"
70 bis 90	5' 0"	19,3"	2,3"
80 bis 140	6' 4"	20,0"	2,7"
100 bis 180	7' 5"	21,5"	2,8"
130 bis 180	8' 2"	22,0"	3,1"
150 bis 230	9' 0"	23,0"	3,1"

Gewicht des Surfers (kg)	Brettlänge (cm)	Brettbreite (cm)	Brettdicke (cm)
18 bis 27	125	48,25	5,75
27 bis 54	170	50,00	5,75
31 bis 40	150	48,25	5,75
36 bis 63	190	50,00	6,75
45 bis 80	222	53,75	7,00
58 bis 80	245	55,00	7,75
67 bis 103	270	58,00	7,75

Dieser Fish ist sicherlich ein sehr cooles und stylishes Brett, schon wegen des Shapes und der Farbe an den Kanten. Aber Zuma Jay warnt, dass es definitiv kein Anfängerbrett ist.

Größentabelle – Shortboard

Gewicht des Surfers (Pfund)	Brettlänge	Brettbreite	Brettdicke
100 bis 140	6' 2" bis 6' 4"	18 ¾" bis 19 ¼"	2 ¼" bis 2 ⅜"
140 bis 160	6' 4" bis 6' 8"	19" bis 20"	2 3/8" bis 2 ½"
160 bis 180	6' 6" bis 6' 10"	19 ½" bis 20 ½"	2 ½" bis 2 ⅝"
180 bis 200	6' 10" bis 7' 4"	20" bis 21 ½"	2 ¾" bis 3"
200+	7' 4" +	21 ½" bis 22 ½"	3" bis 3 ¼"

Gewicht des Surfers (kg)	Brettlänge (cm)	Brettbreite (cm)	Brettdicke (cm)
45 bis 62	187 bis 193	47 bis 48	5,70 bis 6,00
63 bis 71	193 bis 203	48 bis 50	6,00 bis 6,30
72 bis 81	198 bis 208	48 bis 52	6,30 bis 6,70
82 bis 90	208 bis 223	50 bis 54	6,90 bis 7,60
91+	223 +	54 bis 57	7,60 bis 8,25

Der Hollywoodfaktor

Blue Crush ist ein Hollywood-Surffilm mit großem Budget. Er kam 2002 in die Kinos. In der Hauptrolle sieht man Kate Bosworth. Sie spielt die Profisurferin Anne Marie Chadwick, die große Angst vor Hawaiis bekanntester Welle Pipeline hat. Nach einem heftigen Sturz in dieser Welle, bei dem sie mit dem Kopf auf das Korallenriff schlug, hat sie mit einer mentalen Barriere zu kämpfen. Diese muss sie überwinden, um ihren Traum vom Leben als Profisurferin verwirklichen zu können.

Hollywoodfilme wie dieser haben großen Einfluss auf Surfneulinge, wenn es um die Wahl des Surfequipments geht. Alle wollen die Bretter der Stars haben. Zu Zuma Jay kommen viele Männer und Frauen, die keine Ahnung vom Surfen haben, aber genau das tun wollen, was sie in den Filmen gesehen haben, und das auch genau auf dem Equipment. »Am meisten Einfluss haben die Mädels aus *Blue Crush*«, berichtet Zuma Jay. »Die Leute schauen diesen Film und denken: ›Yeah, genau das mach ich jetzt auch. Ich bin bereit. Ich brauch genau das Brett, das sie da surft.‹ Ich sage dann immer: ›Nun ja, das war aber in Pipeline.‹ Sie verstehen natürlich auch nicht, dass die Filmemacher mit vielen Special Effects arbeiten, um Kate Bosworths Gesicht auf den Körper eines Stuntsurfers zu bringen.«

Frauen und Männer sind dem Hollywoodfaktor gleichermaßen erlegen. Sie kommen mit leuchtenden Augen in Zumas Laden und wollen sofort die Bretter der Profis sehen. Die kennen sie aus den Filmen oder aus Surfmagazinen. Zuma Jay versucht es ihnen so zu erklären: »Du wirst nicht gleich wie die Mädels aus *Blue Crush* surfen. Du wirst nicht einmal sofort wie sie paddeln können. Du musst erst einmal richtig viel Zeit auf dem Wasser verbringen und dabei die nötigen Muskeln aufbauen. Es dauert Jahre, um so ein hohes Level wie das in den Filmen zu erreichen.«

Zuma Jay zeigt ein Potato Chip Shortboard, viel zu kurz und zu schnell für Anfänger. Dennoch ist das oft die erste Wahl bei Anfängern, die vom Hollywoodfaktor benebelt sind.

Viele Anfänger zieht es zu den kurzen, modernen und coolen Boards, aber Jay empfiehlt ihnen andere: »Auch wenn du sportlich bist, empfehle ich dir, am Anfang ein längeres Brett mit dickeren Kanten zu nutzen. Die haben mehr Auftrieb und liegen stabiler im Wasser. Sie sehen am Strand vielleicht nicht ganz so cool aus. Aber dafür fällst du auch nicht die ganze Zeit ins Wasser und gibst am Ende des Tages frustriert auf.«

Fortsetzung von Seite 17

Das erste Board für einen Anfänger sollte dick, breit, stabil und praktisch sein. Das Glamourboard kommt dann später. »Es läuft eigentlich immer gleich ab«, berichtet Zuma. »Lass sie einfach erzählen und sich dabei gut fühlen. Meistens sagen die etwas wie: ›Okay, ich hab zwar noch keine Erfahrung, aber ich habe einen Freund, der mir helfen wird.‹ – ›Und was hat dir dein Freund erzählt?‹, frage ich dann. ›Ja, der meinte, dieses Kelly-Slater-Brett ist perfekt.‹ – Und ich sage dann: ›Stimmt, das ist perfekt für Kelly Slater. Aber meinst du, der hat auf einem ›Kelly Slater‹-Board angefangen? In ein paar Jahren bist du vielleicht bereit dafür. Lass uns jetzt mal nach etwas Größerem für dich suchen. Das macht dir die Sache wesentlich leichter.‹« Zuma Jay gibt

Fortsetzung auf Seite 28

Zuma Jay erklärt die Vorteile eines Surftech Softboards. Die Bretter mit weichem Deck haben einen Schaumkern, und das Unterwasserschiff besteht aus hartem Epoxy. Die Teile des Brettes, die gegen deinen Körper schlagen könnten, bestehen immer aus weichem EVA-Schaum.

Alex Wisemore aus Malibu kombiniert ihre Leidenschaft für Yoga mit ihrer Leidenschaft fürs Surfen und stellt damit die besonders stabile Lage eines Surftech Softboards unter Beweis.

Fortsetzung von Seite 25

den Anfängern dann erst mal einen Überblick über die verschiedenen Brettarten. Er hat in den letzten Jahrzehnten so ziemlich jede Veränderung bei der Brettentwicklung miterlebt. Er hat in den 1960er-Jahren angefangen. Da gab es gerade den großen Umbruch vom Longboard zu den Shortboards. Er war ein begeisterter Surfer in den 1970ern, als die Shortboards so weit entwickelt waren, dass sie den Surfern seiner Generation mehr Freiheiten auf der Welle boten. »In der Geschichte des Surfsports gab es noch nie eine so breite Auswahl an verschiedenen Shapes. Longboards, Shortboards, Funboards, Hybridboards oder Fishboards und unzählige Kombinationen daraus. Ich weiß, dass das für Anfänger verwirrend ist. Deswegen gebe ich ihnen immer eine leichte Einführung.«

Er empfiehlt Neulingen immer, erst einmal ein Brett zu mieten – später tut er dann alles dafür, dass sie sich auch das passende kaufen. Sie sollen sich lieber ein bisschen umsehen, informieren und auch einmal in andere Surfshops gehen. Wenn sie dann immer noch ein Brett bei Zuma mieten oder kaufen wollen, sind sie natürlich mehr als willkommen.

Länge & Breite = Größe, Gewicht & Erfahrung

Das richtige Surfbrett für einen Anfänger zu finden ist durchaus eine komplexe Aufgabe mit verschiedenen Variablen, zu denen unter anderem Größe und Gewicht des Surfers, die allgemeine Fitness, körperliche Voraussetzungen, Erfahrung und der Wille zählen.

Nach all den Jahren im Surfgeschäft kann Zuma Jay bei so ziemlich jedem Surfer, der seinen Laden betritt, Größe, Gewicht und Alter einschätzen: »Wenn jemand reinkommt, der surfen lernen will, kann ich recht genau sagen, wie groß und wie schwer er ist. Ich kann auch ziemlich klar einschätzen, wie fit und wie sportlich er ist. Will er es nur mal so ausprobieren oder doch ernsthaft lernen? Verliert er oder sie schnell die Lust, wenn es nicht gleich klappt? Ich bestimme da sozusagen den Typen und habe dann ein Brett für ihn parat.«

Fast immer führt Jay die Frischlinge zu den langen Brettern. »Auch wenn die Leute recht sportlich aussehen, empfehle ich ihnen fast immer ein langes Brett mit dicken Kanten. Das hat mehr Auftrieb und liegt stabiler im Wasser. Das sieht am Strand natürlich nicht so cool aus. Aber sie wollen ja auch nicht nur ins Wasser fallen und am Ende des Tages frustriert aufgeben.«

Surfer, die versuchen, ihre ersten Wellen zu bekommen, werden das niemals auf einem Brett schaffen, auf dem sie nicht mal paddeln können. »Je größer die Fläche ist, desto leichter ist das Aufstehen«, erklärt Zuma.

Normales Brett oder Softboard?

Zuma Jay vermietet sowohl normale Bretter und Softboards als auch Mischformen. Das Konzept der Softboards geht auf die Bodyboard-Begründer Tom Morey und Mike Doyle in den 1970er-Jahren zurück.

Psychedelische Farben und wilde Designs

»Wenn ein Anfänger ein Surfbrett kaufen möchte, empfehle ich immer ein sehr einfaches Design ohne viele Farben«, erklärt Zuma Jay. »Bunte Farben auf dem Brett kosten dich sicherlich 50 bis 70 Euro mehr. Und warum sollst du mehr Geld für ein Brett ausgeben, das du bei deinen ersten Versuchen eh schnell beschädigen wirst? Wenn du genug Geld hast, na gut. Aber den meisten rate ich zu ganz einfachen Brettern.«

Die beiden schlossen sich zusammen und bauten das Morey-Doyle-Surfbrett. Das Brett hat einen Polyethylenkern und ist auf dem Deck mit einer weichen Schicht aus Polyethylen überzogen. Diese Bretter waren bis in die späten 1990er besonders bei Kindern und Anfängern beliebt.

Anfang des neuen Jahrtausends entwickelte der Shaper Randy French aus Santa Cruz eine neue Generation der Softboards. Er bediente sich dabei der Techniken, die die französische Firma Surftech schon länger bei Windsurfbrettern verwendete. French verbesserte mit seinen Entwicklern das herkömmliche Softboard-Konzept. Die Softtop Boards von Surftech haben einen Schaumkern, das Unterwasserschiff besteht aus hartem Epoxy für gute Geschwindigkeitseigenschaften. Die Kanten und das Deck sind von einer weichen EVA-Schaumschicht (EVA = Ethylenvinylacetat) überzogen. So sind die Boards relativ sicher und bequem.

Chemie hin oder her: Es geht einzig und allein darum, dass dir das Brett weniger Schaden zufügt, wenn es dir mal auf den Kopf knallt. Diese Bretter sind sehr stabil. Sie halten fast alles aus, was ein Anfänger an Schäden verursachen kann, sind aber so weich, dass sie den Surfern in der Regel nicht weh tun können.

Ursprünglich galten Softboards als klobige Anfängerbretter, die aber niemand ernsthaft benutzen wollte, nicht mal ein Anfänger. Durch das harte Epoxy-Unterwasserschiff werden sie jetzt aber zunehmend beliebter. Der Schaumkern hat besseren Auftrieb als herkömmliche Polyurethankerne. Hinzu kommen die weichen Schaumkanten, die aber immer noch gute Gleiteigenschaften im Wasser haben. Auf Softboards kann man leicht paddeln, auf der Welle sind sie schnell und liegen stabil.

Dachgepäckträger

Einige Dachgepäckträger sind speziell für bestimmte Autos gebaut, andere passen praktisch überall rauf. Es gibt welche aus Metall, die man ständig montiert lassen kann, und solche aus weichem Material für den kurzfristigen Einsatz. »Wir empfehlen ungern bestimmte Spanngurte, um Bretter aufs Dach zu schnallen. Da müssen wir uns aus der Haftung nehmen. Das müssen die Kunden schon selbst entscheiden«, sagt Jay. »Wir raten ihnen aber, die Bretter sehr sorgfältig zu befestigen: die Finnen nach vorn ausrichten, das Deck nach unten und vor allem alles immer zweimal prüfen. Du willst mit Sicherheit nicht, dass deine Bretter auf der Straße einen Abflug machen. Es gab schon mehr als einen tödlichen Unfall auf der Autobahn, weil Bretter unkontrolliert durch die Gegend geflogen sind.«

Boardtransport in Kanada: ein Dachträger voller Surfbretter auf einem VW Käfer.

3

Der richtige Neoprenanzug und die weitere Ausrüstung

Wenn du das Glück hast, deine ersten Versuche auf Hawaii, in Florida, Indonesien oder Südkalifornien zu machen, musst du dir über einen Neoprenanzug wenig Gedanken machen. Aber schon, wenn du im

Weil die Ozeane überall auf der Welt unterschiedlichste Temperaturen und auch die Menschen denkbar verschiedene Körperkonstitutionen haben, gibt es wie bei den Surfboards auch bei den Neoprenanzügen eine riesige Auswahl (links).
Fast immer und überall solltest du beim Surfen einen Neoprenanzug tragen (rechts).

So wird es schwer mit dem Surfen. Wenn du denkst, dass du nur einen Sommer brauchst, um surfen zu lernen, und dann direkt in Pipeline auf Hawaii rauspaddelst, dann denk noch mal nach. Auch eine nagelneue Pipeline Gun von Tom Carroll und Phil Byrne wird dich da nicht hinbringen. Und wenn dein Ziel schöne braune Haut im neuen Victoria's-Secret-Bikini ist, solltest du am besten direkt hier aufhören. Ein Neoprenanzug ist einfach die bessere Wahl für dich.

Frühling in Malibu surfen gehst, brauchst du mehr als nur Sonnenmilch und eine Shorts. Die nordwestlichen Winde führen zu der Jahreszeit zum Auftrieb des kälteren Tiefenwassers. Im Frühling kann das Wasser in Kalifornien oder auch Australien kälter sein als im Winter. Es kann dir schon einen Schock versetzen, wenn es an Land 27 Grad warm ist und du in so kaltes Wasser springst.

Die meisten Menschen, die surfen lernen wollen, müssen dazu einen Neoprenanzug tragen. Dafür muss man nicht an der Küste von Alaska unterwegs sein. Und weil die Ozeane überall auf der Welt unterschiedlichste Temperaturen haben und auch die Körper der Menschen denkbar unterschiedlich sind, gibt es wie bei den Surfboards auch bei den Neoprenanzügen eine riesige Auswahl. Es gibt mehr als ein Dutzend Firmen, die Neoprenanzüge herstellen, große und kleine. Einige sind erst seit kurzer Zeit auf dem Markt, andere schon seit Jahrzehnten. Zuma Jay verkauft O'Neill-Surfanzüge, seit er seinen Shop eröffnet

Surfmode damals. Filmstar
Eleanor Powell präsentiert den
Surflook der 1930er-Jahre.

hat. Inzwischen kann er sich mit gewissem Stolz als größter O'Neill-
Einzelhändler in ganz Kalifornien bezeichnen. O'Neill gehört zu den
renommiertesten Marken in der weltweiten Surfindustrie, nicht zuletzt,
weil die Firma schon sehr lange existiert.

Die Ursprünge von O'Neill reichen bis in die 1950er-Jahre zurück,
als Gründer Jack O'Neill noch als Parkplatzwächter in San Francisco
arbeitete. Jack arbeitete in der Innenstadt und machte sich immer
wieder auf den Weg zum Strand, um ein paar Wellen zu surfen und den
Kopf klar zu kriegen. Damals trugen Surfer gegen die Kälte noch Woll-
pullover, oder sie waren einfach hart im Nehmen. O'Neill dachte, dass
es da auch einen besseren Schutz gegen die Kälte geben müsste. Er
begann mit einem Material zu experimentieren, das er in Flugzeugen
gesehen hatte – mit Matten aus Neopren. Jacks Versuche mit Neopren-
hosen für Bodysurfer führten schließlich zu den ersten Neoprenwesten
für Surfer. Seinen ersten Surfshop eröffnete Jack O'Neill am Ocean
Beach, und 1960 holte er auch seine Familie nach Santa Cruz.

Surfmode heute. Der Neoprenanzug ist heutzutage ein Wunder der modernen Wissenschaft: Hightech-Neopren und eng anliegende Materialien in Kombination mit computergenerierten Schnittmodellen. Die Profi-surferin Celine Gerhart bereitet sich auf eine Surfsession in Hossegor/Frankreich vor.

Was mit O'Neills Bedürfnis nach etwas mehr Kälteschutz beim Surfen begann, ist heute zu einem internationalen Millionenkonzern für Bekleidung und Neoprenanzüge geworden. Das Foto von Jack O'Neills Gesicht mit der Augenklappe ist heute auf jedem Produkt von O'Neill zu finden. Er selbst kann das eigentlich immer noch nicht fassen. »Ich wollte doch nur meine Familie ernähren«, sagt er.

O'Neill und Bodyglove, heute beide im Besitz der Meistrell-Brüder, waren in den 1960er-Jahren führend in der Entwicklung von Neopren-anzügen. Nach 50 Jahren Forschung und Entwicklung sind Neopren-anzüge heute echte Hightechprodukte, die genau den Zweck erfüllen, den Jack O'Neill ursprünglich im Sinn hatte: maximale Wärme in Verbindung mit maximaler Bewegungsfreiheit.

Aber welche Marke soll man sich aussuchen, welchen Schnitt, welche Größe, und wie dick soll der Neoprenanzug sein? Bei uns in Kalifornien ist das Meer im Frühjahr durch die Nordwestwinde oft extrem kalt. Aber sobald der Sommer kommt, kann das Wasser innerhalb von einigen Wochen von saukalten auf subtropische Temperaturen wechseln. Das macht den Kauf eines Neos nicht gerade leichter. Zuma Jay empfiehlt, sich erst einen Anzug auszuleihen, um zu sehen, welche Größe und welchen Schnitt man braucht und wie dick er sein muss: einen mit langen Armen oder kurzärmlig, den Reißverschluss vorn oder hinten, zwei, drei oder vier Millimeter dick.

Eine Regel stimmt bei Neoprenanzügen aber immer: Je teurer der Anzug ist, desto wärmer wird er dich halten. Das heißt jetzt aber nicht, dass du in den nächsten Surfshop rennen und dir den teuersten Neo in deiner Größe kaufen sollst. Es gibt Neoprenanzüge für die unterschiedlichsten Bedingungen. Wenn du in Südkalifornien oder in Australien im Sommer surfen lernst, dann brauchst du sicherlich keinen Langarm mit den besten Reißverschlüssen und Nähten für 400 Euro. Such dir den richtigen für deine Zwecke aus.

Die verschiedenen Schnitte

Es gibt heute zwei große Unterschiede bei Neoprenanzügen: Neos mit Reißverschluss und die ohne. Je nach Geschmack bevorzugen verschiedene Surfer den einen oder anderen. Anfängern rät Zuma Jay immer zu einem Anzug mit Reißverschluss. Am besten einer mit Reißverschluss am Rücken.

Beavertail: Er kam in den 1970er-Jahren auf und besteht praktisch aus dem Oberteil eines langärmligen Neoprenanzugs mit einem Reißverschluss auf der Vorderseite. Am Rücken hängt eine längere Lasche. Diese Lasche zieht man sich von hinten durch die Beine und befestigt sie dann vorn. Man trägt darunter eine Boardshorts. Durch die Lasche wird verhindert, dass diese »Neoprenjacke« nach oben rutscht. Der Anzug hat sich aber niemals wirklich durchgesetzt, weil es durch diese Lasche zu deutlichen Bewegungseinschränkungen kommt. Wenn du jemals einen Surfer mit Beavertail gesehen hast, dann hing die Lasche sicherlich lose hinten am Rücken herunter. So bekam der Beavertail wohl auch seinen Namen. Surfer, die heute noch mit so einem Anzug unterwegs sind, machen das wohl eher aus nostalgischen Gründen. Die

Wie dick ist ein Neoprenanzug?

Die Beschaffenheit eines Neoprenanzugs wird meist über die Dicke des verwendeten Neoprens bestimmt, gemessen in Millimeter. Normalerweise ist ein Neo umso wärmer, je dicker er ist. Es werden zwei Zahlen angegeben. Die in vielen Surfshops am weitesten verbreiteten sind 2/1, 3/2, 4/3 und 5/4. Die erste Zahl gibt die Neoprenstärke im Bereich des Körperkerns an. Die zweite, kleinere Zahl die Stärke an Armen und Beinen. Die Neos sind an den Gliedmaßen dünner, damit du dich besser bewegen kannst. Alles, was dünner als 2/1 ist, bezeichnen wir als Rashguard. Das hat kaum wärmende Eigenschaften. Alles über 5/4 wird nur von besonders kälteempfindlichen Surfern genutzt oder natürlich von den besonders harten, die bei fast arktischen Temperaturen surfen.

Es gibt heute zwei große Unterschiede bei Neoprenanzügen: Neos mit Reißverschluss und die ohne. Je nach Geschmack bevorzugen verschiedene Surfer den einen oder anderen. Anfängern rät Zuma Jay immer zu einem Anzug mit Reißverschluss.

Die meisten Neos haben den Reißverschluss auf dem Rücken. Normalerweise hängt ein Band, eine Neoprenlasche oder etwas Ähnliches an dem Zipper, damit man leichter daran kommt.

Lasche hat praktisch keine Funktion, und es gibt inzwischen sehr viel bessere Neooberteile.

Langarm: Ein Langarm bedeckt den ganzen Körper. Es gibt ihn unterschiedlich dick. Generell ist ein langärmliger Neoprenanzug gedacht für kältere Gewässer oder Menschen, die recht schnell auskühlen. Anzüge, die zwar den ganzen Körper bedecken, aber kurze Arme haben, nennt man Kurzarm.

Long John: Auch ein Relikt aus den 1970er-Jahren. Sieht so ähnlich aus wie eine Latzhose aus Neopren. Surfer, die heute noch Beavertails tragen, ziehen sich sicherlich auch einen Long John an, wenn es kälter wird. Sehr stylish und hip.

Short John: Ein Short John sieht eigentlich genauso aus wie ein Long John, allerdings ist er mit kurzen Beinen geschnitten. Eine der ersten Varianten, die von Surfern getragen wurden.

Springsuit: Ein Neo mit kurzen Armen und kurzen Beinen. Es gibt aber auch Springsuits, die langärmlig sind. Solche Anzüge sind für etwas kälteres Wasser. Sie sind aus ein bis zwei Millimeter dickem Neopren geschnitten. Das einzige kleine Problem an diesen Anzügen ist die »Bauernbräune« auf Unterarmen und Beinen.

Lycra-Shirt oder Rashguard: Das ist eigentlich nicht wirklich ein Neoprenanzug. Aber wenn du dir einen Neo kaufst, solltest du dich auch nach einem Rashguard umsehen. Diese eng anliegenden Shirts bestehen aus einer Nylon-Polyester-Spandex-Mischung. Man kann sie unter den Neo ziehen oder, wenn es warm genug ist, allein tragen. Sie schützen vor Sonnenbrand und Scheuerstellen am Hals. Wenn du sie nicht unter den Neo anziehen willst, müssen sie nicht hauteng anliegen. Wenn du eines zum Drunterziehen nutzt, sollte es aber genau passen, damit es nicht unter dem Anzug scheuert.

Da man sich oft die Haut am Neo oder durch das Wachs aufscheuert, ist das Tragen eines Rashguards absolut üblich.

Es ist wichtig, dass du beim Kauf eines Neos dein Gewicht und deine Größe kennst. Alle Neoprenhersteller haben eigene Tabellen, um die richtige Anzuggröße für dich zu bestimmen. Zwischen den einzelnen Firmen sind die Unterschiede bei diesen Tabellen nicht besonders groß.

Der erste Schritt beim Kauf eines Neos ist, Körpergewicht und Größe zu bestimmen.

Man sollte sie aber ausschließlich für Aktivitäten im Wasser anziehen. Sie mögen cool aussehen, aber ein Auftritt damit an Land ist doch ziemlich peinlich.

Ein isoliertes Lycra-Shirt ist mit Polypropylen gefüttert und hält dich so etwas wärmer.

Es gibt außerdem Surfanzüge, die komplett auf jeglichen Reißverschluss verzichten. Stattdessen bestehen sie aus sehr viel besonders flexiblem Neopren. Solche Anzüge lassen in der Regel weniger Wasser durch, das sonst verstärkt durch den Reißverschluss eindringt. Diese Neos sind sehr warm und flexibel, aber es ist recht schwierig, sie an- und auszuziehen. Außerdem halten sie nicht so lange, da das Material nicht sehr widerstandsfähig ist. Wenn dich die diversen Yogabewegun-

Fortsetzung auf Seite 42

Begriffe zum Neoprenanzug: Material und Komponenten

Viele der hier aufgeführten Begriffe werden vielleicht selbst für einen Verkäufer im Surfshop wie eine Fremdsprache klingen. Aber als Neuling im Surfen willst du sicherlich wissen, wofür du dein hart verdientes Geld auf den Tisch legst, wenn du einen Neoprenanzug kaufst. Am Anfang wird es mehr oder weniger jeder Neo tun, den du dir leisten kannst. Aber viele dieser Begriffe lassen dich verstehen, warum der eine Anzug mehr kostet als der andere – so kannst du in den bestmöglichen Neo investieren.

Dichtungen: Die findest du überall dort, wo der Anzug offen ist, also am Hals, an den Hand- und Fußgelenken. Hier steht einfach eine Lasche aus Gummi über, die man nach dem Anziehen in den Anzug zieht. Das verhindert das schnelle Eindringen von Wasser. Viele Firmen verzichten allerdings inzwischen auf solche Dichtungen. Stattdessen setzen sie an diese Stellen einen besonders eng anliegenden Ring aus Gummi. Da das eigentlich keinen Unterschied macht, ist es also einerlei, welche Variante dein Anzug hat.

Verstärkungen: Das zusätzliche Stück Neopren findet sich unter anderem am Ellenbogen oder an den Knien, die durch das Paddeln im Knien, durchs Duckdiven oder Liegen auf dem Brett besonders stark beansprucht werden. Die Firmen verwenden hier verschiedenstes Material. Ziel ist immer die maximale Flexibilität.

Elemente: Neoprenanzüge werden aus einer Vielzahl von Elementen zusammengesetzt, die durch Nähte verbunden werden. Der Schnitt dieser Elemente ist ein wichtiger Punkt in der Entwicklung der Neoprenanzüge. Hauptziel beim Schnitt ist, maximale Bewegungsfreiheit herzustellen und gleichzeitig die Anzahl der Nähte so weit wie möglich zu reduzieren – so tritt weniger Wasser ein. Allerdings wird der Neoprenanzug auch unflexibler, wenn er aus weniger Elementen besteht. Daher wird es in Zukunft verstärkt darum gehen, immer flexibleres Neopren für diese Elemente zu entwickeln.

Jersey:
Dabei handelt es sich um das Innere eines Neoprenanzugs, das alle Teile zusammenhält.

Normalerweise besteht es aus Polypropylen, Nylon, Titanium oder ähnlichem Material. Beim Kauf eines Neos kann man das allerdings getrost vernachlässigen.

Nylon: Ein Material, das oft für das Innere des Anzugs genutzt wurde.

Polypropylen: Dieses Material wird aktuell meist als Innenfutter der Surfanzüge genutzt und hat seit den 1980ern Nylon mehr und mehr ersetzt, weil es wasserbeständiger ist. Das Material wird auch in den Rashguards als Isolierung verwendet.

Titanium: Ein weiches, dehnbares Metall, das die Körperwärme des Surfers reflektiert und ihn so sehr viel wärmer hält.

Neopren:
Material für Surfanzüge. Surfanzug-Pionier Jack O'Neill stolperte in den 1940er-Jahren zufällig in einem Flugzeug über dieses Material. Technisch gesehen ist Neopren eher ein Plastik als ein Gummi. Seine Beschaffenheit hat mit der Herstellung zu tun. Erhitztes Erdöl wird dabei mit Eisen versetzt, und dieses wird anschließend auf ein Trägermaterial gesetzt. Das Besondere am Neopren ist die geschlossene Zellstruktur. Das bedeutet vereinfacht, dass es dich warm hält, da das Wasser nicht einfach durch jede einzelne Pore eindringen kann. Wenn du ein Stück Neopren ins Wasser tauchst, wird nur der Teil, der tatsächlich gerade im Wasser ist, auch richtig nass sein. Das Material saugt kein Wasser auf, wie es andere Stoffe tun. Das ist geradezu magisch. Ohne Neopren würde Surfen nicht halb so viel Spaß machen.

Skin Neopren: Eine Neoprenart mit einer auflaminierten Schicht aus Nylon. Fühlt sich mehr an wie Gummi und hält den Körper noch wärmer als normales Neopren. Durch die glattere Struktur kann noch weniger Wasser eindringen und wird der Körper vor dem Auskühlen durch den Wind geschützt. Wird oft zur Herstellung von Triathlon-Anzügen genutzt. Einziger Nachteil ist die fehlende Beweglichkeit und Haltbarkeit. Es ist wesentlich weniger flexibel als normales Neopren und fällt schnell auseinander. Bei vielen durchschnittlichen Neoprenanzügen wird dieses Skin Neopren für den Körper verwendet. An Armen und Beinen ist dann normales Neopren für die bestmögliche Beweglichkeit verarbeitet. Auch Handschuhe, Kopfhauben und Schuhe sind oft aus Skin Neopren. Der Trend geht zu neu entwickeltem Skin Neopren für komplette Neos. Vom Design her sehen diese Anzüge durch den Gummilook sogar fast etwas retro aus. Aber es ist natürlich auch sehr funktional. Also ein doppelter Gewinn!

Stretch oder **Superstretch Neopren** wird im Allgemeinen für den oberen Teil einen Neos genutzt, um das Paddeln zu erleichtern. Es ist das flexibelste Neopren auf dem Markt. Die Beweglichkeit in diesen Neos ist zweifellos unschlagbar. Sie lassen allerdings wesentlich mehr Wasser rein. Dennoch versucht man zurzeit auch komplette Anzüge daraus herzustellen, die im etwas günstigeren Preissegment liegen werden.

Klettband: Das kennst du sicherlich. Es war schon an deinen Schuhen, bevor du eine Schleife binden konntest, an deinem Rucksack oder an deiner Boardshorts. Es findet auch an vielen Stellen am Neoprenanzug Verwendung, abhängig vom Design. Hauptsächlich wird es genutzt, um die Halsöffnung zu schließen.

Garantie: Viele Hersteller von Neoprenanzügen geben Garantie auf ihre Produkte, einige sogar lebenslang. Wenn dein Anzug anfängt auseinander zu fallen, kannst du dir in diesem Fall einfach kostenlos einen neuen besorgen. Andere wiederum geben nur ein Jahr Garantie. Der Hersteller repariert dann zum Beispiel Nähte, die innerhalb von einem Jahr kaputt gehen.

Reißverschlüsse
Asymmetrischer Reißverschluss: Eine neue Variante der Reißverschlüsse. Die Zähne sind gestaffelt angebracht, sodass weniger Wasser eindringt als bei herkömmlichen Verschlüssen.

Kleiner Rückenreißverschluss oder **Dreiviertel-Reißverschluss:** Ein Reißverschluss ist immer eine Schwachstelle am Neo, durch die Wasser eindringen kann. Deswegen wurden auch Surfanzüge ohne Reißverschluss erfunden. Das Problem ist, dass das

An- und Ausziehen bei Anzügen ohne Reißverschluss nicht ganz einfach ist. Deswegen wurden diese Mini-Reißverschlüsse entwickelt. Sie sind für Leute, denen es an Beweglichkeit oder Ausdauer fehlt, um sich mit einem Anzug ohne Reißverschluss herumzuärgern.

YKK 10 Reißverschluss: Das ist der normale Reißverschluss in Neoprenanzügen: klobig, relativ dicht und gut ist es. Am YKK 10 ist keinerlei Schnickschnack.

PK-G Verschluss: Das ist der Star unter den Reißverschlüssen. Er wird in die teuersten und dicksten Neos für richtig kaltes Wasser eingesetzt. Dieser Reißverschluss lässt fast gar kein Wasser eindringen.

Ein Neoprenanzug mit einem Dreiviertel-Reißverschluss von O'Neill, der Vorreiterfirma auf dem Neoprenmarkt.

Die Nähte

Die Nähte halten die einzelnen Elemente des Surfanzugs zusammen. In der Entwicklung liegt immer ein Fokus auf den Nähten, weil sie ein potenzielles Leck darstellen, durch das Wasser eindringen kann. Im Laufe der Entwicklung wurden verschiedenste Arten von Nähten mit unterschiedlichster Dichtigkeit erfunden.

Nähte sind bei einem Neoprenanzug sehr wichtig, und auch wenn du dich noch nie sonderlich fürs Nähen interessiert hast, solltest du jetzt aufpassen. Zuma Jay erklärt: »Viele Leute wissen gar nicht, dass sich die großen Preis- und Qualitätsunterschiede bei Surfanzügen hauptsächlich durch die verschiedenen Nähte erklären. Es gibt vernähte und geklebte Nähte. Beides kann man auf verschiedene Art und Weise machen. Ich teste die Nähte, indem ich Luft in den Neo puste und gucke, ob sie entweicht. Wenn die Luft dabei nicht einfach rausströmt, wird das Wasser auch nicht so leicht reingehen. Wenn mich Kunden fragen, warum der eine Surfanzug 200 € und der andere nur 100 € kostet, zeige ich ihnen diesen Pustetest. Weniger ausströmende Luft heißt weniger Wasser im Anzug und bedeutet für dich längere Zeit im Wasser.«

Geklebte Nähte: Eine Art Dichtungsklebeband wird dabei über der Naht aufgebracht. Früher wurde dieses Klebeband als der Durchbruch in der Neoentwicklung gefeiert. Inzwischen wird es mehr und mehr durch flüssigen Kleber ersetzt (ähnlicher Kleber kommt in den verschweißten Blindnähten zum Einsatz). Jetzt wird das Klebeband nur noch, ähnlich wie die geklebten Verstärkungen, an besonders anfälligen Stellen verwendet.

Flachnaht: Eine Naht, die komplett durch beide Neoprenelemente geht und sehr flach anliegt. Sie sieht ein bisschen wie eine Eisenbahnschiene aus. Surfanzüge mit solchen Nähten sind in der Regel günstig, weil keine besondere Technologie zum Einsatz kommt. Sie lassen aber auch mehr Wasser durch als Anzüge mit verschweißten Nähten. Diese Anzüge eignen sich gut für den Sommer, für Surfer mit geringem Budget oder Anfänger, die nicht gleich zu viel Geld ausgeben wollen.

Blind vernäht: Hierbei werden die Neoprenelemente zuerst verschweißt und dann vernäht. Es wird aber nicht komplett durch beide Neoprenschichten genäht, sondern nur halb. Weil es so weniger Löcher durch die Naht gibt, kommt weniger Wasser herein. Diese Art von Nähten findet man in teureren Surfanzügen. Sie sind ziemlich stabil und fast wasserdicht.

Doppelt blind vernäht: Hier gilt das gleiche Prinzip wie bei den blind vernähten Anzügen. Wenn die Elemente zunächst verschweißt werden und die Naht nur halb durchs Material dringt, kommt weniger Wasser in den Surfanzug. Aber im Gegensatz zu den einfach blind vernähten Neos wird bei den doppelt blind vernähten von beiden Seiten eine verdeckte Naht gesetzt. Wie man sich vorstellen kann, dringt so noch weniger Wasser ein als beim einfach blind vernähten Anzug.

Verschweißt und blind vernäht (GBS-Naht): Wie der Name schon sagt, sind diese Nähte sowohl verschweißt als auch blind vernäht, was sie noch dichter macht.

Abgedichtete, geklebte Naht: Das ist eine verschweißte und blind genähte Naht, die von innen auch noch mit Dichtungsklebeband überzogen ist. Dieses Klebeband wird über eine Schicht Gummi oder Neopren aufgezogen und macht die Nähte noch stabiler und den Surfanzug wasserdichter.

Zuma Jays Pustetrick, um die Bedeutung der Nähte bei Surfanzügen zu demonstrieren. Er erklärt: »Was die Leute häufig nicht verstehen, ist, dass Preis- und Qualitätsunterschiede bei Neoprenanzügen häufig durch die Nähte begründet sind. Es gibt vernähte und geklebte Nähte. Beide Techniken kann man auf verschiedene Art und Weise kombinieren. Ich teste die Nähte, indem ich Luft in ein Bein puste und gucke, ob diese Luft entweicht. (links) Wenn die Luft nicht ausströmen kann, kann auch kein Wasser eindringen. Wenn mich Kunden fragen, warum der eine Surfanzug 200 € und der andere nur 100 € kostet, zeige ich ihnen diesen Pustetest. Weniger ausströmende Luft heißt weniger Wasser im Anzug und bedeutet längere Zeit im Wasser.« (rechts)

Expanded Seam Technology (EST): EST ist eigentlich gar keine echte Naht mehr. Neoprenstücke werden quasi ineinander verwoben, und es wird ein spezieller Gummikleber aufgetragen. Das schafft unglaubliche Bewegungsfreiheit und macht den Surfanzug nahezu komplett wasserdicht. Diese Surfanzüge sind dafür bekannt, dass sie starke Zugkräfte in alle Richtungen aushalten. Einige Surfer haben getestet, wie weit man diese Anzüge auseinanderziehen kann, ohne dass sie zerstört werden. Die meinten, man sollte das besser nicht nachmachen. Manche Firmen bewerben Surfanzüge mit EST als »nahtlos«. Im Kampf gegen eindringendes Wasser ist EST sicherlich derzeit die wirksamste Technologie. Eine wirklich clevere Erfindung.

Verstärkte Stellen: Wenn du deinen Surfanzug umkrempelst, siehst du überall kleine Quadrate aus festem Klebeband, hauptsächlich im oberen Teil und an den meisten Verbindungsstücken. Sie sind dazu da, den Anzug so stabil wie möglich zu machen, ohne dass die Bewegungsfreiheit eingeschränkt wird. Wenn du das erste Mal einen Neo für mehrere Jahre hast und er langsam Löcher bekommt, wirst du verstehen, warum es diese Verstärkungen gibt. Fast alle Neos haben diese Verstärkungen, aber auf Dauer können sie wenig ausrichten, wenn du ihn sehr oft an- und ausziehst.

Fortsetzung von Seite 37

gen nicht stören, um einen Neo ohne Reißverschluss überhaupt über den Körper ziehen zu können, ist das möglicherweise die richtige Wahl für dich.

Größen bei Surfanzügen

Wenn du die passende Größe für deinen Surfanzug finden möchtest, musst du zunächst dein Gewicht und deine Körpergröße wissen. Das ist sehr wichtig, da die meisten Firmen ihre eigenen Größentabellen haben. Die Unterschiede von Marke zu Marke sind allerdings nicht besonders groß. Moderne Surfanzüge haben meistens eine ganze Anzahl von Laschen und Dichtungen, die man beim Anziehen beachten muss. Nicht selten braucht man sogar Unterstützung, um den Neo am Rücken richtig schließen zu können.

Lycra-Shirts

Lycras erfüllen zwei Aufgaben. Wenn du keinen Neo trägst, bieten sie Schutz gegen die Sonne und vor Scheuerstellen am Oberkörper. Wenn du sie unter einem Surfanzug trägst, sorgen sie für zusätzliche Wärme und verhindern einen aufgescheuerten Hals. »Das Erste, was ich Kunden frage, die sich für Lycras interessieren, ist, wofür sie es benötigen«, sagt Zuma Jay. »Wenn du keinen Neo trägst, schützt dich das Lycra gut vor der Sonne und natürlich vor aufgescheuerten Stellen, zu denen Sand im Wachs leicht führen kann. Auch vom weichen Deck eines Softboards kannst du leicht wunde Stellen bekommen. Es ist also etwas bequemer, sich beim Surfen ein Lycra überzuziehen, wenn man ohne Neo surft.«

Der Plastiktütentrick

Um einen Surfanzug einfacher anziehen zu können, hat Zuma Jay einen Trick parat: Zieh dir eine Plastiktüte über Füße und Hände und der Anzug rutscht sehr viel leichter!

Auch wenn die Surfanzüge heute sehr viel besser sind als früher, bekommt man immer noch leicht aufgescheuerte Stellen, hauptsächlich am Hals. Und das kann in Kombination mit Salzwasser deine Session ganz schnell beenden.

Lycrashirts gibt es in unterschiedlichen Stärken. Es gibt kurz- oder langärmlige und sogar welche mit Kapuze. Auf einigen ist auch die Stärke ihres UV-Schutzes angegeben. Manche Shirts sind komplett aus Lycra, andere haben zusätzlich Neopren eingearbeitet.

»Ich verkaufe bei mir nur O'Neill-Lycras, weil ich sie für die besten halte«, sagt Zuma Jay, »meiner Meinung nach sind sie da in der Entwicklung am weitesten. Diese Lycras sind warm, halten lange und sind bequem. Man kann dasselbe Lycra unter dem Surfanzug oder ohne Anzug tragen. Sobald wir also wissen, wofür ein Anfänger das Lycra haben will, empfehlen wir ihm einfach, möglichst viele auszuprobieren. Teste, welches du am bequemsten und schönsten findest.«

Mach nur nicht den Fehler, dir so ein Teil abends beim Ausgehen anzuziehen. Das sieht dumm aus, und man schwitzt extrem stark.

Surfshorts

Der Markt für Surf- oder Boardshorts ist ein Millionengeschäft. Die Marktführer Quiksilver und Billabong haben ihre Firmen einst mit der

Produktion solcher Shorts gegründet. Die hohen Umsätze bei Board-shorts führen zu einer starken Konkurrenz und beständiger Weiter-entwicklung. Zuma Jay schenkt all dem nur mäßige Beachtung: »Wir führen z. B. Boardshorts von Birdwell und Katin. Die haben keine schrillen Farben und wenig Schnickschnack. Gute Qualität mit einem leichten Innenfutter. Sie sind sehr haltbar, trocknen schnell und passen auch noch unter den Neo. Diese Boardshorts haben genau die pas-sende Länge und sehen nicht zu sehr nach den 1960ern oder 1970ern aus. Birdwell und Katin produzieren eher traditionelle Surfshorts. Das mag ich. Ich persönlich finde es auch gut, dass sie in den USA geschneidert werden.

Für Surfer, die eine Hightech-Boardshorts suchen, haben wir auch welche von O'Neill im Laden. O'Neill gehört zu den führenden Marken in der Surfanzugentwicklung, und dieses Wissen setzen sie auch bei ihren Boardshorts ein. Die neuen Boardshorts sind echte Hightech-Pro-dukte: das Material, die Nähte, die Taschen oder das Innenfutter – alles extrem funktional.«

Das Wichtigste bei einer Surfshorts ist aber immer noch, dass sie gut passt. Zuma Jay meint: »Ich empfehle den Kunden immer, sich überall umzusehen und viele Shorts zu probieren. Es gibt die verschiedensten Boardshorts. Man muss selbst sehen, welche man bequem findet und welche einem gefällt.«

Handschuhe mit Schwimm-häuten sind eigentlich nur bei extrem kalten Temperaturen und zum Ansteuern von Riesenwellen zu empfehlen.

Handschuhe

Handschuhe werden im Normalfall von älteren oder unerfahreneren Surfern getragen. Oder aber von den ganz harten, die bei extrem kalten Tem-peraturen und Riesenwellen surfen gehen (dieselben Jungs, die auch Surfanzüge tragen, welche dicker als 5/4 sind). Auch wenn Hand-schuhe mit kleinen Schwimm-häuten auf den ersten Blick nach einer guten Idee aussehen, geht dieser zusätzliche Widerstand beim Surfen doch ziemlich auf den Rücken, wenn man sie zu jeder Session anzieht. Einige Big-Wave-Surfer schwören aber dennoch auf diesen Extra-Kick beim Anpaddeln. Normalerweise sind Handschuhe aber unnötig. Es sei denn, du bist einer der erwähnten superkrassen Surfer.

Surfers Lexikon

In der Surfersprache bedeutet **gnarly** so etwas wie bei uns krass, etwas, das sozusagen so schlimm ist, dass es schon wieder gut ist – zum Beispiel eine unfassbar hohe Welle. Die kürzere und coolere Form ist auf Englisch **gnar**, und die absolute Steigerung ist **gnarmax**, so was wie superkrass.

Finnen

Finnen sollen dir auf dem Brett eine stabile Fahrtrich-tung geben, ohne die Geschwindigkeit abzubremsen. Das bedeutet, dass Finnen sehr steif und scharf sind und durch-aus Schaden anrichten können. Es gibt heutzutage eine riesige Bandbreite an unterschiedlichsten Finnen für diverse Einsatzgebiete. Aber bei Anfängern geht es in erster Linie um die Sicherheit. Alles andere kommt danach: »Grade als Anfänger kann man sich leicht an den Finnen verletzten«, erklärt Zuma Jay. »Den Einsteigern raten wir

meistens zu gepolsterten Finnen von Pro Tech. Auf der vorderen und der hinteren Kante ist eine gepolsterte Gummischicht aufgezogen. Wenn sie dann etwas besser werden und sich nicht mehr so leicht schneiden können, geben wir ihnen normale, kleinere Finnen.«

Surfschuhe

Surfschuhe können deine Füße vor scharfen Steinen, Glasscherben, spitzen Muscheln, Seeigeln oder allem anderen schützen, was so auf dem Meeresboden herumliegt. Gerade Anfänger haben schon genug mit dem zu tun, was sich über Wasser abspielt. Da sollten sie sich nicht noch darum kümmern müssen, worauf sie unter Wasser treten.

Selbst an Sandstränden besteht immer die Gefahr, auf einen Seeigel zu treten, und das will man nun wirklich nicht. Daher sind für Anfänger, die in erster Linie damit beschäftigt sind, auf dem Board zum Stehen zu kommen, Surfschuhe eine gute Hilfe: »Gerade wenn Anfänger an Spots mit felsigem Untergrund wie Surfrider oder Sunset unterwegs sind, empfehle ich ihnen Surfschuhe«, sagt Zuma Jay. »Schuhe helfen dir dabei, über steinigen Untergrund zu laufen. Es gibt sie hochgeschlossen oder in Halbschuhform, mit einer Abtrennung für den großen Zeh oder ohne Zehenabtrennungen. Teure Schuhe, günstige Schuhe. Auch hier empfehle ich den Leuten, einfach so viele auszuprobieren, bis sie die für sich am besten geeigneten gefunden haben.«

Wenn es für Schuhe zu warm ist, gibt es auch viele Firmen, die dünnere Surfschuhe oder eine Art Neoprensocken anbieten. Die bieten ebenfalls Schutz. Sandalen werden nicht funktionieren. Darüber stolpert man höchstens.

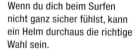

Surfschuhe können deine Füße vor scharfen Steinen, Glasscherben, spitzen Muscheln, Seeigeln oder allem anderen schützen, was so auf dem Meeresboden herumliegt.

Wenn du dich beim Surfen nicht ganz sicher fühlst, kann ein Helm durchaus die richtige Wahl sein.

Die komplette Ausrüstung mit Surfanzug, Helm, wasserfester Sonnenbrille, Surfschuhen und Handschuhen kann für einen Anfänger durchaus sinnvoll sein. Wenn du routinierter bist, kannst du aber auf einen Teil dieser Extraausrüstung verzichten.

Helme

Das Credo des berühmten Big-Wave-Surfers Roger Erickson lautet: »Es ist alles okay, aber nur, solange es gut geht!« Wer schon ein paar Jahre surft, hat auch seine Geschichten parat über all die kleinen Unfälle, die aus dem Nichts kommen – immer dann, wenn man sie am wenigsten erwartet. Einige Anfänger fühlen sich bestimmt sicherer, wenn sie einen speziellen Surfhelm tragen. Andere werden das albern finden. Wie auch immer: Zweifellos ist es die klügere Wahl, einen zu tragen.

Kopfhauben

Die alte Geschichte, dass 90 Prozent der Körperwärme über den Kopf abgegeben werden, entspricht der Wahrheit. Wenn man eine Kopf-haube trägt, wird man das feststellen. Eine Haube kann den Unter-schied zwischen dem Schlottern am ganzen Körper und einem wohlig warmen Gefühl ausmachen. Man braucht Kopfhauben sicherlich nicht das ganze Jahr hindurch. Aber wenn es kälter wird, sind sie sehr nützlich. Solche Hauben werden aus weichem Neopren hergestellt und umschließen deinen ganzen Kopf bis unter die Nase. Es gibt welche, die fest am Surfanzug angebracht sind, solche, die man abnehmen kann, und auch Hauben, die man unabhängig vom Surfanzug anzieht.

4

Trockenübungen

Völlig planlos auf den Ozean rauszupaddeln, um die erste Welle zu bekommen, ist alles andere als intelligent. Man sollte zunächst am Strand ein paar vorbereitende Übungen machen: lernen, wie man Balance hält; verstehen, wie man paddeln muss, das Aufstehen üben und schließlich, wie man auf dem Board steht und eine Welle reitet. Das sind zunächst echte Trockenübungen. Am besten lässt man sich die ersten Schritte von einem Freund zeigen, der schon surfen kann, oder man sucht sich einen professionellen Lehrer. Zuma Jay hat seit 30 Jahren mit Surfanfängern zu tun, und er hat schon 10 000-mal

Richtiges Surfen fängt an Land an. Vorher die richtige Position auf dem Brett üben und das Paddeln oder das Aufstehen ausprobieren ist der beste Weg, um schnell Erfolge zu haben.

Carla Rowland mit einem Hang Five in einer Welle vor Malibu.

dieselben Fragen beantwortet: »Fast alle Anfänger kommen mit dem-selben Blick rein. Eine Mischung aus Unschuld, Verwirrung und Eifer«, berichtet Zuma, »sie wollen gerne surfen, haben aber keine Ahnung, wie sie anfangen sollen. Zunächst frage ich sie dann, ob sie irgendeine Vorerfahrung haben oder schon mal eine Surfstunde hatten. Wenn sie das verneinen, rate ich ihnen immer, ein oder zwei Stunden bei einem erfahrenen Lehrer oder befreundeten Surfer zu nehmen.

Es ist viel leichter, wenn sich ein Freund die ersten ein bis zwei Stunden um dich kümmert. Lade ihn dafür einfach zum Essen ein. Es sollte aber jemand sein, der es dir nicht nur vormacht, sondern dich dabei an die Hand nimmt.«

Zuma Jay ist überzeugt, dass es sich lohnt, die ersten Schritte mit einem Freund oder noch besser mit einem richtigen Surflehrer zu machen. Er weiß aber auch, dass viele Anfänger die Kosten für einen echten Lehrer selten einplanen. Geld ist natürlich häufig knapp. Aber spare das lieber beim Equipment und investiere in einen oder mehrere Tage Surfunterricht.

Carla Rowland ist eine professionelle Surflehrerin am berühmten Malibu Beach in Kalifornien. Ihr Vater Wayne nahm sie schon im Alter von sieben Jahren das erste Mal mit ins Wasser. Mit den Jahren und durch den Einfluss vieler guter Surfer, die seit 1980 in Malibu gesurft sind, wurde Carla zu einer der besten Surferinnen im Lineup.

Seit 1999 gibt sie Privatstunden und Gruppenunterricht für Einheimische und Besucher, die die Geheimnisse des Meeres kennenlernen wollen: »Ich bin jetzt seit zehn Jahren Surflehrerin und habe in der Zeit eine Menge erlebt. Ich habe alle typischen Anfängerfehler gesehen und sie zu Beginn auch selbst gemacht.«

Während ihrer Unterrichtsstunden ist Carla aber nicht nur als Surflehrerin, sondern immer wieder auch als Rettungsschwimmerin oder Psychologin gefragt, um allen das Meer auf dem Surfbrett näherzubringen. Einerlei ob ihre Schüler ängstlich, tollpatschig oder auch übermotiviert sind. »Viele Menschen, die ich unterrichte, begegnen dem Meer so zum ersten Mal. Ich habe schon immer eng mit dem Meer zusammengelebt. Die meisten meiner Schüler haben nicht diese natürliche Nähe zum Ozean. Sie sind hierhergezogen, sie sind Besucher, oder sie haben Surffilme wie *Blue Crush* gesehen und denken: ›Das muss ich unbedingt auch mal probieren.‹ Die meisten haben oft keinerlei Bezug zum Meer.«

Es fängt schon damit an, dass sie mit gewachsten Brettern auf dem Autodach am Strand vorfahren. Das Wachs schmilzt natürlich direkt in der Sonne. »Anfänger ziehen ihre Surfanzüge oft falsch herum an, mit dem Reißverschluss vorn statt hinten. Das ist normal«, berichtet Carla. Carla hat durch ihre langjährige Erfahrung ein gutes Händchen im Umgang mit Surfanfängern: »Ich bin stolz darauf, dass ich meine Schulungen sehr ernst nehme«, sagt Carla, »durch meine lange Erfahrung weiß ich, dass es verschiedenste Typen unter den Schülern gibt. Mein Job ist es herauszufinden, welcher Typ der Schüler ist, und ihn dann entsprechend zu fördern. Um manche muss man sich sehr intensiv kümmern, andere sind echte Naturtalente.«

Zwei Stunden Unterricht kosten bei Carla zwischen 60 und 90 Euro. Sie weiß, dass viele Schüler von dem Preis nicht gerade begeistert sind, aber sie ist sich auch sicher, dass diese Investition oft hundert Stunden frustriertes Üben erspart. »Alles, was ich auf dem Surfbrett kann, habe ich von meinem Vater gelernt, wie auch viele andere Surfer an unserem Strand. Als ich anfing, war ich ziemlich ungeschickt, und ich hasste das. Aber mein Vater und viele andere Surfer am Malibu Beach haben mich immer wieder angefeuert. Das versuche ich bei meinen Schülern auch zu tun – bis sie es geschafft haben.«

Bei Carla startet der Unterricht wahrlich trocken. Am Strand gibt es zunächst 15 bis 30 Minuten Surfregeln: »Ich erkläre ihnen zunächst die ganz einfachen Dinge: Erst einmal werdet ihr viel paddeln! Ziel ist es dann, langsam aufzustehen. Und dabei immer vorsichtig zu sein.«

Das Stretching

Am Anfang sollten Surfeinsteiger vorsichtig sein und zum Beispiel Verletzungen vorbeugen. Carla erklärt: »Ich erzähle allen Schülern, dass sie Muskeln einsetzen werden, von denen sie nicht mal wussten, dass sie sie haben. Ich dehne mich immer vorm Surfen, um mich aufzulockern, und ich ermutige auch meine Schüler dazu.«

Wenn es gut läuft, besteht Surfen zu 70 Prozent aus Paddeln, 20 Prozent sind Warten und sich in die richtige Position bringen, und gerade einmal 10 Prozent sind tatsächlich auf dem Brett stehen und eine Welle abreiten. Die Muskeln in den Armen, im Rücken und im Nacken sind bei Surfern häufig extrem stark ausgeprägt. Carla mahnt: »Dehne

Surfer sollten sich vor Verletzungen und Muskelkrämpfen schützen. Carla erklärt: »Ich erzähle allen Schülern, dass sie Muskeln einsetzen werden, von denen sie nicht mal wussten, dass sie sie haben. Ich dehne mich immer vorm Surfen, um mich aufzulockern, und ich ermutige auch meine Schüler, das zu tun.«

Surfen geht auf Rücken und Gelenke und verlangt auch den Hüften einiges ab. Carla rät: »Dehne und lockere deinen ganzen Körper, denn du wirst jeden Körperteil nutzen.«

Surfer beanspruchen ihre Muskeln in den Armen, im Rücken und im Nacken sehr stark. »Dieser Anfänger hat eine gute Muskulatur«, zeigt Carla, »aber so wie beim Surfen hat er diese noch nie eingesetzt.«

Auch wenn du durchtrainiert bist, ist das Dehnen sehr wichtig. Gerade wenn Surfen für dich Neuland ist, sollte dein Körper auf alles vorbereitet sein.

deinen ganzen Körper und mach ihn locker. Du wirst jeden einzelnen
Muskel brauchen.«

Lerne dein Brett kennen

Einerlei ob du auf einem normalen Brett oder einem
Softboard lernst: Grundlegende Dinge sind bei
jedem Board gleich. Alle haben ein Deck, ein
Unterwasserschiff, Kanten, eine Nose und ein
Heck. Das Deck ist nach oben ausgerichtet, die
Unterseite mit der oder den Finnen gehört nach
unten ins Wasser. Die Nose zeigt in Fahrtrich-
tung und das Heck mit den Finnen darunter nach

Die Bedeutung des Paddelns

Surfen besteht zu 70 Prozent aus Paddeln; zu
20 Prozent aus Warten und sich in Position bringen,
und nur die restlichen 10 Prozent sind tatsächlich
auf dem Brett stehen und Wellen reiten.

Paddeln, sitzen und aufspringen aufs Brett belastet stark den unteren Rücken. »Daher ist es
gut, diese Rückenpartie besonders zu lockern«, erklärt Carla. »Viele Leute kommen nicht mit
gestreckten Beinen an ihre Zehen, aber es reicht, wenn sie so weit wie möglich runtergehen.«

Carla unterrichtet sowohl auf normalen Surfbrettern als auch auf Softboards. Aber egal, woraus die Bretter bestehen oder wie sie gebaut sind: Sie haben alle ein Deck, ein Unterwasserschiff, Kanten, eine Nose und ein Heck. Am Anfang erklärt Carla die Basics. Die Oberseite nennen Surfer Deck. Die Seiten, die durchs Wasser gleiten, bezeichnet man als Kanten oder rails.

Surfers Lexikon

Die Oberseite eines Surfbretts nennt man **Deck**. Auf diese Seite gehört das Surfwachs. Hierauf liegt man, paddelt man und steht man, wenn man eine Welle reitet.

hinten. »Ich habe zwar noch nie selbst gesehen, dass jemand sein Brett mit der Finne nach oben gepaddelt hat. Aber ich habe gehört, dass auch das schon vorgekommen sein soll«, weiß Carla.

Beim Surfen geht es zentral um kleinste Verschiebungen des Gleichgewichts. Wenn man eine Welle anpaddelt, liegt man am besten mittig auf dem Brett. So liegt man am stabilsten, und das Brett schafft die höchste Geschwindigkeit. Optimalerweise liegt es komplett auf dem Wasser auf. Wenn du eine Welle bekommst, gibt es einen Schub nach vorn. Daher musst du dein Gewicht etwas nach hinten verlagern, bis du sicher auf der Welle bist. Danach hältst du die Balance am besten, wenn du dein Gewicht wieder nach vorn verlagerst. Je nach Welle ist der Körperschwerpunkt zentral über dem Brett oder noch weiter nach vorn in Richtung Nose verlagert.

Während sie am Heck steht, deutet Carla vorn auf die Nose.

Fin-First Takeoff

In Malibu sind einige der besten Longboardsurfer weltweit zu Hause. Surfer, die jede Menge Tricks beherrschen. Einige machen zum Beispiel sogenannte »Fin-First Takeoffs«. Sie starten beim Takeoff mit den Finnen vorn und lassen das Brett dann um 180 Grad in die richtige Richtung drehen, um schließlich normal weiterzusurfen.

Die Finnen sind auf der Unterseite des Surfbretts angebracht.

Wie stehe ich auf dem Brett?

In der Surfsprache steht man »regular«, wenn man mit dem linken Bein vorn auf dem Brett steht. »Goofy« bedeutet, dass du mit dem rechten Bein vorn bist. Wie du auf deinem Brett stehst, hat nichts damit zu tun, ob du Links- oder Rechtshänder bist. Es ist auch nicht angeboren. Carla ist eigentlich Goofyfooter, aber das sieht man nicht immer. Sie kann ihren Stand nach Belieben wechseln und mit links oder rechts vorn stehen. Carla nutzt das aus, um sich in Malibu besser zur Welle zu positionieren und mehr Geschwindigkeit aufzubauen. Aber das ist für einen Anfänger noch Zukunftsmusik.

»Wenn man bei einem Anfänger die Beinstellung feststellen will, frage ich nach seiner Vorgeschichte. Viele Schüler haben vorher schon mal auf einem Skateboard, einem Snowboard oder Wakeboard gestanden und wissen daher schon, welches Bein nach vorn gehört. Es kommt eher selten vor, dass jemand noch nie auf irgendeinem Board gestanden hat. Wenn es doch einmal

Softboards sind nicht ganz weich

Die Kanten eines Softboards sind fast genauso hart wie bei einem normalen Brett. Wenn sie dich treffen, tut es weh. Carla mahnt: »Sei immer auf der Hut.«

Der Falltest

Stehe mit geschlossenen Beinen und lass dich dann nach vorn kippen. Das Bein, mit dem du dich abfängst, steht normalerweise auch vorn auf dem Brett.

Als Erstes musst du deine Beinposition feststellen – stehst du mit dem linken (regular) oder mit dem rechten Fuß vorn (goofy). Mach den Falltest: Steh mit geschlossenen Beinen und lass dich dann nach vorn kippen. Das Bein, mit dem du dich abfängst, steht normalerweise auch auf dem Brett vorn. Die Beinposition hat nichts damit zu tun, ob du Rechts- oder Linkshänder bist, und ist auch nicht angeboren.

Ein »Goofyfooter« steht beim Surfen mit dem rechten Bein vorn. Die Leash kommt dann ans hintere Bein, in diesem Fall also ans linke.

Ein »Regularfooter« steht andersherum, also mit links vorn, und hat die Leash entsprechend am rechten Bein.

so ist, sollen sie sich einfach mit geschlossenen Füßen gerade hinstellen und dann nach vorn kippen. Das Bein, mit dem sie sich abfangen, steht normalerweise auch auf dem Surfbrett vorn.« Das funktioniert aber auch nicht immer. Manchmal haben Leute auch beim Snowboarden und Surfen den jeweils anderen Fuß vorn. Es kommt auch schon einmal vor, dass sich der Falltest am Strand als falsch entpuppt, wenn der Surfschüler zum ersten Mal draußen im Wasser aufsteht.

»Die Fußstellung ist zunächst wichtig, um zu wissen, an welchen Fuß die Leash gehört«, erklärt Carla. »Ich gehe manchmal mit Schülern zum ersten Mal raus und plötzlich stehen sie mit dem Fuß vorn, an dem die Leash dran ist. Das muss aber genau andersherum sein. Die Stellung kann sich auch erst entwickeln. Man muss vielleicht am Anfang hin und wieder die Leash ans andere Bein wechseln, aber irgendwann findet man die richtige Seite schon raus.«

Richtiges Paddeln

Da Surfen ja zu 70 Prozent aus Paddeln besteht, kann hier die richtige Technik für den Erfolg entscheidend sein. »Ich habe die Erfahrung gemacht, dass viele Anfänger erstaunt sind, wie viel Surfen mit Paddeln zu tun hat«, sagt Carla. »Nicht nur, um eine Welle zu kriegen, sondern auch, um sich in Position zu bringen und dort zu halten: Das Lineup ist immer in Bewegung, und dazu kommen noch die Strömungen im Meer.«

Gerade am Anfang geht es um kleinste Gewichtsverlagerungen. Fast alles passiert in der Mitte des Bretts. »Auf der Suche nach der idealen Position auf dem Board spielen mehrere Faktoren eine Rolle. Dein Brett, dein Körper und die Bedingungen auf dem Wasser müssen berücksichtigt werden«, erklärt Carla, »auch diese Positionen musst du wie deine Beinstellung langsam entwickeln.«

Wenn du beim Paddeln zu weit vorn liegst, säuft das Brett vorn ab. Das Gleiche passiert, wenn eine Welle von hinten kommt. Surfer nennen das auch einspitzeln.

Das Gegenteil von einspitzeln ist das Aufbocken. In dem Fall liegt dein Gewicht zu weit hinten. Das Brett kann nicht gleiten und keine Geschwindigkeit aufnehmen. Die Wellen waschen einfach über dich rüber.

Um richtig zu paddeln, musst du in der Mitte des Boards liegen. Carla sagt: »Ich bringe meinen Schülern bei, ihre Arme so lang wie möglich zu machen und weite Paddelschläge ganz durchs Wasser zu ziehen. Ziel ist, eine harmonische Bewegung herzustellen, sodass dein Körper und dein Board eine Einheit bilden. Man darf keine Bewegung zu den Seiten reinbringen.«

Wer beim Paddeln zu nah an der Nose liegt, wird unweigerlich nach vorn abtauchen, ohne eine Welle zu bekommen. Die Nose wird direkt unter Wasser gedrückt. Surfer nennen das einspitzeln.

Wenn du, wie hier, zu weit hinten liegst, bockt das Brett auf. Es kann nicht gleiten, und die Wellen werden über dich weglaufen.

Hier liegen die beiden Schüler genau richtig. Sie liegen mittig auf ihrem Brett und können ihre Arme frei bewegen. Im Wasser kommen sie so gut voran und können leicht eine Welle anpaddeln.

Die korrekte Position beim Paddeln ist eine erhöhte Brust und ein nach oben überstreckter unterer Rücken. Dabei ist der ganze Körper angespannt.

Viele Anfänger versuchen zunächst, mit beiden Armen gleichzeitig zu paddeln. Das machen eigentlich eher Surfer auf Longboards, und die Technik ist etwas veraltet, aber für Carla ist das okay. »Man kann dadurch ein bisschen die Monotonie beim Paddeln unterbrechen. Es ist aber nicht gerade die beste Methode, um eine Welle zu bekommen.«

Mit gespreizten Fingern ist das Paddeln wesentlich uneffektiver als mit geschlossenen Händen. Paddel mit geschlossenen, leicht hohlen Händen wie beim Schwimmen. Auch deine Beine musst du geschlossen halten. Mit offenen Beinen paddeln ist schlicht ineffektiv. Baue Spannung im Körper auf. Dann wirst du nicht hin und her wackeln. Die Füße dürfen nicht ins Wasser hängen. Sie bremsen dich ab. Beim Paddeln brauchst du so viel Geschwindigkeit wie möglich. Also, Füße zusammen und aufs Board.

Paddeln auf Knien

Auf den Knien zu paddeln ist eigentlich eine Technik für Fortgeschrittene. Aber manche können das auch sofort. Es ist etwas bequemer und natürlich wärmer. Man hat einen erhöhten Standpunkt und sieht die Wellen schneller als der Rest. Einige Anfänger können ohne Probleme direkt auf den Knien paddeln, andere nicht.

Spreize beim Paddeln nicht deine Finger. Das ist sehr uneffektiv (links).
Um eine Welle zu reiten, muss du sie erst einmal kriegen. Dafür ist effektives Paddeln nötig.
Paddel also mit geschlossenen und leicht hohlen Händen (rechts).

Schließe deine Beine. Gegrätschte Beine machen das Paddeln ebenso ineffektiv wie gespreizte Finger. Baue Spannung im Körper auf und schließe deine Beine. Dann wirst du nicht hin und her wackeln.

Geschlossene Beine sind ein guter Hinweis auf eine effiziente Paddeltechnik.

Die Füße dürfen nicht im Wasser hängen. Sie bremsen dich ab. Beim Paddeln brauchst du aber
so viel Geschwindigkeit wie möglich. Also, Füße zusammen und aufs Board.

Viele Schüler, die das erste Mal paddeln, finden es sehr unbequem. Sie quälen sich langsam voran. Schulter,
Brust und Nacken hängen herunter. Ihr Gesicht liegt auf dem Brett – so sehen sie gar nicht, wo sie hinwollen.

Hebe deine Brust und ziehe mit gleichmäßigen Zügen kraftvoll durchs Wasser.

Auf den Knien paddeln ist etwas bequemer und bei kalten Temperaturen auch wärmer.
Man hat einen erhöhten Standpunkt und sieht die Wellen schneller als andere.

Leute, die das erste Mal paddeln, finden es sehr unbequem. Sie quälen sich langsam voran. Schulter, Brust und Nacken hängen herunter. Ihr Gesicht liegt auf dem Brett. Sie sehen gar nicht, wo sie sind oder wo sie hinwollen. Beim korrekten Paddeln baust du Spannung im unteren Rücken auf. Deine Brust, dein Nacken und der Kopf sind angehoben. Du paddelst mit langen Schlägen gleichmäßig durchs Wasser wie ein Barrakuda.

Durch die Welle

Für Anfänger gibt es verschiedene Möglichkeiten, um beim Rauspaddeln über eine brechende Welle zu kommen: einfach durchpaddeln, die Schildkrötentechnik oder vom Brett springen und durchtauchen.

Anfänger lernen am besten in kleinen Wellen, die man schlauerweise durch kräftiges Durchpaddeln über-

Beim Rauspaddeln kann man anrollende Wellen unter sich durchströmen lassen. Drücke deinen Körper nach oben und lass den Schaum oder die Welle unter dir durchfließen.

Du überwindest eine Welle am besten, wenn du dich vom Brett aus so weit wie möglich nach oben drückst.

Duckdiving

Duckdiving ist die fortgeschrittene Technik, mit der man unter einer brechenden Welle durchtaucht – so kann sie dich nicht mitreißen. Ein richtig ausgeführter Duckdive ist erst etwas für erfahrenere Surfer.

Abgang

Wenn du dein Surfboard einfach loslässt, wird das auch als **Abgang** oder **Bail** bezeichnet – eigentlich ein echtes No-go. Du lässt praktisch die Boje los, die dich über Wasser hält. Dein Brett wirbelt durch die Gegend, und du kannst dich daran verletzen. Vor allem kannst du aber auch andere Surfer damit verletzen, die hinter dir paddeln. Trotzdem, manchmal gibt es nur diese eine Möglichkeit.

Damit das Paddeln durch eine Welle gut funktioniert, musst du deinen ganzen Körper nach oben drücken.

windet. Wenn eine brechende Welle auf dich zukommt, drückst du dich so kräftig wie möglich vom Brett ab und stützt dich auf die Arme. Bring so viel Platz wie möglich zwischen dich und das Brett und lass die Welle oder den Schaum einfach unter dir durchströmen. Damit das gut funktioniert, musst du deinen ganzen Körper nach oben drücken.

Hochspringen und Aufstehen

Einige Anfänger reiten ihre ersten Wellen in Bauchlage ab. Danach schaffen sie es auf die Knie. Wenn sie sich dabei einigermaßen sicher fühlen, arbeiten sie sich langsam auf die Füße hoch. Das kann funktionieren. Carla rät aber dazu, gleich auf die Füße zu kommen: »Man sollte die Surfschüler gar nicht erst daran gewöhnen, auf Knien zu surfen. Ich empfehle meinen Schülern, direkt auf die Füße zu kommen. Und der beste Weg dahin ist eine harmonische Bewegung.«

Benutze zum Aufspringen alle Kraft, die du im Oberkörper hast, und bring die Füße so schnell wie möglich unter deinen Körper. Drehe dabei deine Hüfte so ein, dass dein vorderer Fuß vorn auf dem Brett steht. Stehe nicht parallel, da verlierst du sofort das Gleichgewicht. Stelle deine Füße weit genug auseinander, dass du stabil stehst, nicht zu nah beieinander.

Du darfst nicht zu weit hinten auf dem Heck stehen. Selbst wenn du ein erfahrener Surfer bist und gerade einen massiven Bottom Turn fahren willst, solltest du nicht zu weit hinten stehen. Bei einem Anfänger wird das Brett so direkt abgebremst.

Carla erklärt das so: »Das Brett ist zwar am beweglichsten, wenn man weit hinten steht, aber es wird auch langsamer. Mit mehr Erfahrung wirst du auch lernen, wie du dein Gewicht zwischen Heck und Mittelpunkt des Bretts richtig einsetzt, um deinen Ritt zu kontrollieren.« Noch ist es etwas zu früh, über guten Style auf dem Board zu reden. Jetzt, da du stehst, sind deine Arme nicht länger dein Antrieb, sondern deine wichtigste Balancehilfe. Auf jeder Welle sind die Bewegung des Wassers, deine Bewegungen und natürlich auch der Wind zu spüren. Nutze deine Arme, um Balance zu halten. Im Allgemeinen versucht man die Arme in Hüfthöhe oder darunter auszurichten. Mit den Armen herumzuschlackern gilt als wirklich unschöner Surfstyle.

Auch deine Knie sind fürs Gleichgewicht nicht unerheblich. Sie müssen gebeugt sein, denn sie sind deine Stoßdämpfer. »Stehe immer gebeugt in den Knien. Sobald du stehst und eine Welle reitest, sind deine Knie für deine Balance so wichtig wie deine Arme«, rät Carla.

Um aufzuspringen und auf dem Brett zum Stehen zu kommen, musst du dich kraftvoll und schnell bewegen.

Benutze zum Aufspringen alle Kraft, die du im Oberkörper hast, und bringe die Füße so schnell wie möglich unter deinen Körper.

In der korrekten Paddelposition ist dein Brustkorb angehoben und dein unterer Rücken überstreckt. Dein Körper ist angespannt. Wenn du das beherzigst, ist der Übergang aus der Bauchlage zum Stehen sehr viel harmonischer.

Drehe beim Aufstehen deine Hüfte so ein, dass dein vorderer Fuß vorn auf dem Brett steht. Stehe nicht parallel.

Stelle deine Füße weit genug auseinander, sodass du stabil stehst. Beuge deine Knie. Sie sind deine Stoßdämpfer und helfen dir, das Gleichgewicht zu halten.

Der Blick von der Seite: Mach eine schnelle und entschiedene Bewegung, um in den Stand zu kommen.

Deine Füße sollen so schnell wie möglich unter deinen Körper: Nutze alle Kraft, die du im Oberkörper hast.

Wenn du in der korrekten Paddelposition liegst, Brustkorb angehoben und mit überstrecktem unterem Rücken, ist der Übergang aus der Bauchlage zum Stehen sehr viel leichter.

Bei einem guten Surfstyle hast du die Arme in Hüfthöhe oder darunter. Die Arme dienen dir als Balancehilfe.

Wenn du wie hier zu weit hinten auf dem Heck stehst, wird sich dein Board aufbocken und all deine Mühen, in den Stand zu kommen, waren vergeblich. Das Brett wird sich abbremsen, und du fällst ins Wasser.

Wenn du zu energisch aufstehst, kommst du zwar auf die Füße, fällst aber direkt nach hinten. Für einen guten Takeoff musst du lernen, dein Gleichgewicht und deine Kraft zu kontrollieren (rechts).

Als Anfänger kommst du häufig etwas zu weit hinten und zu wacklig zum Stehen. Halte deinen Körperschwerpunkt dann unten, etwas gehockt mit gebeugten Knien und beweglich im Rücken. Dann kannst du die Position noch korrigieren (unten links).

Im Stand ist es sehr wichtig, die Knie gebeugt zu halten. »Vergiss nicht, die Knie zu beugen«, rät Carla. »Sobald du stehst und die Welle reitest, sind deine Knie für dein Gleichgewicht mindestens so wichtig wie deine Arme.« (unten rechts)

Wenn du wie hier zu weit hinten stehst, wird sich das Brett aufbocken. Carla sagt: »Das Brett ist zwar am beweglichsten, wenn du weit hinten stehst, aber damit bremst du es auch ab.« (links).

Dreh beim Aufstehen die Hüfte ein, sodass dein vorderer Fuß vorn steht (unten links).

Um das Gleichgewicht zu halten, musst du Knie, Arme und Gewichtsverteilung einsetzen und außerdem die richtige Position auf dem Brett einnehmen. Carla erklärt: »Wenn du besser wirst, kannst du die Gewichtsverlagerung von hinten nach vorn nutzen, um deinen Ritt zu kontrollieren.« (unten rechts).

5

Ab ins Wasser

Die besten Anfängerspots

An einem idealen Anfängerspot brechen lange, ruhige Wellen in eine weite Sandbucht. Das Wasser ist warm, denn in warmem Wasser kann man länger draußen bleiben. Und viel Zeit auf dem Wasser ist für einen Anfänger ebenso wichtig, wie Balancegefühl und Motivation. Dieser Strand mit den kleinen, langen Wellen ist optimalerweise durch eine Landzunge, eine Pier, einen Anleger oder andere Abdeckungen vor Wind und Strömungen geschützt.

Nach deiner ersten richtigen Surfsession wirst du übers ganze Gesicht strahlen (links).
Am idealen Anfängerspot brechen lange, ruhige Wellen in eine weite Sandbucht, so wie hier am Zuma Beach in Kalifornien (rechts).

Die besten Anfängerstrände der Welt

Das hier ist nur eine Auswahl der besten Anfängerspots weltweit. Eine detaillierte Aufstellung und Infos zu Surfunterricht an diesen Stränden findest du im hinteren Teil des Buches.

Amerikanische Westküste mit Hawaii

Waikiki Beach, South Shore, Oahu, Hawaii
Launiupoko, Maui, Hawaii
Hanalei, North Shore, Kauai, Hawaii
Linda Mar, Pazifik, Kalifornien
Cowell's Beach, Lighthouse Point, Santa Cruz, Kalifornien
Mondos, Faria Point, Ventura County, Kalifornien
Surfrider Beach, Malibu, Kalifornien
Tourmaline Surf Park, San Diego, Kalifornien
La Jolla Shores, La Jolla, Kalifornien
Frank Island, Tofino, British Columbia, Kanada

Amerikanische Ostküste und der Golf

South Padre Island, Texas
Galveston, Texas
Cocoa Beach, Texas
Virginia Beach, Virginia
Folly Beach, South Carolina
Outer Banks, North Carolina
Wrightsville Beach, North Carolina
Ocean City, Maryland
Sea Isle City, New Jersey
Robert Moses State Park, New York
Nantucket, Massachusetts
Coast Guard Beach, Cape Cod National Seashore,
    Massachusetts
Narragansett Town Beach, Rhode Island
Jenness Beach, Rye, New Hampshire
Oqunquit, Maine
York, Maine

Australien und Neuseeland

Noosa Head, Queensland
Currumbin Beach, Gold Coast, Queensland
Greenmout Beach, Coolangatta, Gold Coast, Queensland
Surfer's Paradise, Gold Coast, Queensland
Rainbow Bay, Gold Coast, Queensland
Byron Bay, New South Wales
South Palm Beach, Sydney, New South Wales
Manly, Sydney, New South Wales
Cronulla, Sydney, New South Wales
Fisherman's Beach, Torquay, Victoria
Scarborough Beach, Perth, Westaustralien
Auckland, Neuseeland
Mount Maunganui, Neuseeland
Raglan, Neuseeland

Mexiko und die Karibik

Jaco Beach und Playa Hermosa, Costa Rica
Nosara, Costa Rica
Playa Dominical, Costa Rica
Playa Guiones, Nicoya-Halbinsel, Costa Rica
Tamarindo, Costa Rica
Cabo San Lucas, Mexiko
Barras de Piaxtla, Mazatlan, Sinaloa, Mexiko
Playa Troncones, Zihuatanejo, Mexiko
Mazatlan und Puerto Vallarta, Mexiko
Punta de Mita, Nayarit, Mexiko
Puerto Escondido, Mexiko
Rincon, Puerto Rico

Der Rest der Welt

Surfer's Point, Barbados
Itacaré, Bahia, Brasilien
Rio de Janeiro, Brasilien
Florianopolis, Brasilien
Sedgewell Cove, Bigbury-on-Sea, South Devon, England
Newquay, Cornwall, England
Plozeath, Cornwall, England
Croyde, North Devon, England
Biarritz, Frankreich
Hossegor, Frankreich
Lacanau, Frankreich
Seignosse, Frankreich
Kugenuma Beach, Shonan, Japan
Muizenberg, Kapstadt, Südafrika
Jeffreys Bay, Ostkap, Südafrika
Port Elizabeth, Ostkap, Südafrika
East London, Ostkap, Südafrika
Durban, KwaZulu-Natal, Südafrika

Am besten sind Anfängerspots, an denen sich keine besseren Surfer herumtreiben.

Das Geheimnis des Surfwachses

Surfwachs ist eigentlich ein Abfallprodukt bei der Aufbereitung von Erdöl. Es besteht hauptsächlich aus Paraffin und wird bei der Verarbeitung von Rohöl gewonnen. Fürs Surfen ist dieses Wachs sehr wichtig. Nur durch Auftragen von Wachs hast du guten Halt auf dem Board – auch dann noch, wenn es nass ist.

Es gibt Dutzende Hersteller von Surfwachs. Es gibt Wachs in verschiedenen Farben, mit verschiedenen Gerüchen und für die unterschiedlichsten Wassertemperaturen, für warmes, kälteres oder auch ganz kaltes Wasser. Wenn du dir Wachs aussuchst, lies einfach auf dem Etikett, für welche Wassertemperatur es ist. Wachs für kaltes Wasser lässt sich leichter auftragen, weil es keine Wärme benötigt, um weich genug zu werden. Aber nutzt du so ein Kaltwasserwachs in tropischen Gewässern, ziehst du im Wasser eine Ölspur hinter dir her und hast wahrscheinlich gleich Greenpeace am Hals.

Es gibt auch Basis- und Grundierungswachse. Einige Surfer tragen so etwas unter der eigentlichen Wachsschicht auf, um den Halt noch zu verbessern. Das Wachs, das darüber aufgetragen wird, ist dann ebenfalls ein spezielles Wachs. Ein Block Wachs kostet ungefähr zwei bis drei Euro. Da kauft man sich doch am besten gleich ein paar. Beachte aber ein paar Ratschläge, wenn du dir Wachs besorgt hast:

10 Regeln für Surfwachs:

1. Skifahrer wachsen für Geschwindigkeit. Surfer wachsen für besseren Halt. Wachse also beim Surfen das Deck deines Boards.

2. Vermeide Sand oder Steinchen in deinem Wachs.

3. Schnalle dein Board nicht mit gewachster Seite nach oben aufs Autodach. Sonst hast du schnell überall dieses klebrige, geschmolzene Zeug auf dem Auto.

4. Wachs kannst du auch nutzen, um provisorisch kleinere Löcher im Brett zu flicken.

5. Besorge dir ein Behältnis für dein Wachs. Geschmolzenes Wachs in der Kleidung, auf den Autositzen oder im Haar kann wirklich nerven.

6. Entferne altes Wachs mit einem groben Lappen und dann mit Aceton. Du kannst es auch einfach vom Brett schmelzen lassen. Das ist aber nicht so gut fürs Brett.

7. Wenn du mit Wachs ein paar Sprüche und Graffiti schmierst, dann achte auf korrekte Rechtschreibung.

8. Beanspruche dein Wachs nicht nur für dich. Immer teilen. Das ist gut fürs Karma.

9. Du kannst Wachs nicht essen. Es riecht zwar gut. Aber das tun Rosen ja auch. Und isst du die?

10. Wachs von der Firma Sex Wax benutzt man ausschließlich zum Surfen. Alles andere ist auf eigene Gefahr.

Die Menge an verschiedenen Wachsen kann schon verwirren. Schau dir einfach die Etiketten an, und lies, für welche Wassertemperatur das Wachs ist (links).
Wachs von der Firma Sex Wax benutzt man ausschließlich zum Surfen (unten).

Der ideale Anfängerspot ist möglichst kein Spot, an dem auch erfahrene Surfer unterwegs sind. Anfänger und bessere Surfer passen schlecht ins selbe Lineup: Die Anfänger sind dann meistens eingeschüchtert, sitzen am Rand und gucken zu. Oder sie liegen im Weg herum. Wie auch immer: Beide Gruppen vertragen sich eher schlecht. Daher lautet die Formel:

Viel Platz + genug Zeit + ruhige, kleine Wellen, die über einem Sandstrand brechen + warmes Wasser + Windabdeckung = der ideale Anfängerspot

Surfspots für Anfänger

Am idealen Anfängerspot brechen lange, ruhige Wellen in eine weite Sandbucht.

Das Problem ist, dass es nur wenige perfekte Surfspots und vor allem wenige perfekte Anfängerwellen gibt. In Kalifornien und auf der ganzen Welt gibt es nur ein paar Spots, die alle diese Kriterien erfüllen. Dazu gehören zum Beispiel Cowell's Beach in Santa Cruz, Waikiki auf Hawaii, Main Beach Noosa in Australien und Muizenberg in Südafrika.

Surfer wachsen ihr Board auf dem Deck, um besseren Halt zu haben. Wachse dein ganzes Brett von der Nose bis zum Heck.

Trage eine durchgehende Wachsschicht ohne blanke Flächen auf, damit du nirgendwo ausrutschen und fallen kannst.

Das Surfbrett wachsen

Surfwachs riecht gut, ist schön verpackt und hat lustige Namen. Leider braucht man Surfwachs nicht für Softboards. Diese Bretter haben eh schon eine aufgeraute Oberfläche: »An Softboards ist super, dass man damit am Strand üben kann, ohne dass zu viel Sand im Wachs kleben bleibt«, erklärt die Surflehrerin Carla Rowland.

Im Gegensatz zu Skifahrern, die Wachs unter ihren Brettern für mehr Geschwindigkeit nutzen, verwenden Surfer ihr Wachs oben auf dem Brett für mehr Halt. Auf einem normalen Brett ohne Wachs surfen zu lernen ist praktisch unmöglich. Einige tragen erst einen Unterwachs und noch eine spezielle Wachsschicht darüber auf. Aber das wird schon recht kompliziert.

Wenn Carla surfen geht, nutzt sie die ganze Fläche des Boards von der Nose bis zum Heck. Deshalb wachst sie auch das gesamte Brett. An den Kanten trägt sie kein Wachs auf, weil es das Brett verlangsamen würde. Nur an den Stellen, an denen sie das Brett greift: »Man weiß nie, wann man das Brett mal schnell packen muss. Und dann will ich nicht, dass es mir aus der Hand glitscht.«

Trage immer eine durchgehende Schicht Wachs auf. Keine blanken Flächen aussparen. Darauf kannst du leicht ausrutschen. Der gute Geruch von Surfwachs ist einer dieser Gerüche, die dir immer im Gedächtnis bleiben.

Unterseite oder Finnen brauchst du nicht zu wachsen. Im Gegensatz zum Skifahren, wo du für mehr Geschwindigkeit wachst, würde dich Surfwachs nur abbremsen.

Auf Softboards brauchst du kein Wachs. Diese Bretter haben eine aufgeraute Oberfläche, die für guten Halt sorgt. Carla: »Das Gute an Softboards ist, dass du auch am Strand damit üben kannst, denn du musst dir ja keine Sorgen machen, dass Sand am Wachs hängen bleiben könnte.«

Surfbrettleashes

Einige machen die Surfleash für den Niedergang des Surfens verantwortlich. Durch die Leash soll es zum Localism und jeder Menge anderer schlechter Dinge im Surfen gekommen sein. Es gab mal eine Zeit vor den Leashes, wo Surfspots nur Surfern mit echten Fähigkeiten vorbehalten waren. Wenn ein Surfer damals nicht wusste, was er tat, war sein Brett weg und lag direkt auf den Felsen. Einige Leute sagen, dass Localism und der richtige Kampf um Wellen erst mit der Etablierung der Surfleash in den frühen 1970er-Jahren aufkam. Pat O'Neill war einer der ersten Surfer, der in den 1970ern in Malibu bei einem Surfcontest eine Leash tragen wollte. Die anderen Surfer gingen auf die Barrikaden und riefen Sachen wie: »Leinen sind für Hunde!« Die Leash hatte in Surferkreisen also keinen besonders guten Start. Eine Ironie des Schicksals ist auch, dass Jack O'Neill, dessen Gesicht mit der Augenklappe noch heute auf allen O'Neill-Surfanzügen ist, sein Auge ausgerechnet bei einem Unfall mit einer Leash verlor.

Surfers Lexikon

Als **Localism** bezeichnet man das aggressive Verteidigen eines Surfspots durch einheimische Surfer gegen Surfer von außerhalb. Das kann manchmal in rohe Gewalt ausarten.

Eine noch verpackte 10-Fuß-Leash (3 Meter) (rechts).
Für die Wahl der passende Leash gibt es ein einfaches Prinzip:
Leashes sind so lang sind wie das Board. Für ein 9-Fuß-Longboard (2,70 Meter) wählt man dementsprechend eine 9-Fuß-Longboardleash (unten).

Es gibt verschiedene Arten von Leashes, die man unterschiedlich am Board befestigt. Einige Surfbretter haben eine Öse im Leashplug auf dem Board, durch die man eine Schlinge legt. Andere Boards brauchen eine Leash, an der bereits eine Öse eingearbeitet ist. Wie auch immer deine Leash aussieht, du befestigst sie immer am Leashplug, der sich normalerweise auf dem Deck deines Brettes befindet. Carla rät: »Man muss auf jeden Fall darauf achten, dass die Leash gut am Brett befestigt ist. Denn wenn du dein Board verlierst, musst du meist weit schwimmen oder über Felsen aus dem Wasser klettern.«

Dennoch ist das Surfen durch die Erfindung der Leash zweifellos sicherer geworden. In den 1960ern trugen Surfer noch keine Leashes. In Malibu trieben massenhaft Bretter durch die Gegend und verletzten andere Surfer. Das Leashsurfen machte die Lineups natürlich voller, weil es einfacher wurde. Es wurde aber definitiv auch sicherer. Insbesondere für Anfänger. Carla gibt ihren Surfschülern immer die Anweisung, eine Leash zu benutzen; zu ihrer eigenen und zur Sicherheit der anderen Surfer. Dennoch stellt dir die Leash keinen Freibrief aus. Es ist immer schlecht, dein Brett in der Nähe anderer Surfer einfach loszulassen. Doch Leashes können auch für den Surfer, der sie trägt, eine Gefahr darstellen. »Ich nenne das den Gummibandeffekt«, berichtet Carla, »ich erkläre meinen Surfschülern, dass es so ähnlich ist, als wenn sie sich ein Gummiband um den Fuß schnallen. Wenn sie reinfallen und das Brett weggleitet, wird es irgendwann auch zurückkommen. Und dann muss man sich in Acht nehmen. Ich predige das immer wieder: Passt auf euren Kopf auf. Wenn du reinfällst, benutze deine Hände, um den Sturz abzubremsen. Und wenn du auftauchst, dann schütze gleichzeitig deinen Kopf. Ich habe aufgehört zu zählen, wie oft mich schon ein Brett am Kopf erwischt hat, das aus dem Nichts kam. Ich habe die Narben, die das beweisen, und auch den entsprechenden Gedächtnisverlust.«

Länge der Surfbrettleash

Leashes sollten normalerweise 10 bis 30 Zentimeter länger sein als dein Brett. Es ist wichtig, dass deine Leash die richtige Länge hat, damit das Brett nicht mit einem Rückstoß auf dich zurast, wenn du ins Wasser fällst.

Die Surfbrettleash

Bereits in den 1960ern war Malibu genauso überfüllt mit Surfern wie jetzt. Vielleicht gab es sogar noch mehr Surfer. Es war wesentlich gefährlicher, weil keiner eine Leash trug und überall Bretter durch die Gegend flogen. Ich denke, dass Leashes das Surfen sicherer machen, auch wenn sich die Gefahr erhöht, dass du dein eigenes Brett an den Kopf bekommst, wenn es zurückschnappt.

Wenn du dir das O'Neill-Logo genau anschaust, siehst du darauf den einäugigen Jack O'Neill mit der Augenklappe. Die Augenklappe ist das Ergebnis eines Leashunfalls in den 1970ern. Jack fiel vom Brett, das Brett schnappte zurück und schlug ihm ein Auge aus.

Heutzutage sind die Leashes dank neuerem Material besser geworden. Doch die Gefahr bleibt. »Wir haben hier Leashes von vier Marken«, erklärt Zuma Jay. »Von drei dieser Firmen haben wir das komplette Sortiment auf Lager: FCS, DaKine und Weapons, der privaten Firma von Larry Block. Die Leashes von Weapons sind am günstigsten und haben die längste Garantie. Wir nutzen die auch für unsere Mietbretter. Die Bretter werden ja meist nicht besonders gut behandelt, aber dennoch halten diese Leashes bis zu zwei Jahre. Das heißt, dass sie echt haltbar sind. Wenn ich die teuren FCS- oder DaKine-Leashes an den Mietbrettern nutze, tauschen die Leute sie nur gegen billigere aus. Deshalb mache ich das nicht.«

Als Faustregel für die richtige Leashlänge gilt: etwas länger als die Boardlänge. Auch wenn Jay das ein bisschen einschränkt: »Eine 2-Meter-Leash für ein etwa 2 Meter langes Brett ist eine gute Faustregel. Es hängt aber auch vom Fahrkönnen ab. Ich nutze an einem 2-Meter-Brett häufig auch eine 1,75-Meter-Leash. Moderne Leashes haben am Endstück eh noch eine 15-cm-Verlängerung. Anfängern auf einem 2,5 Meter langen Brett gebe ich aber auch oft eine 2,75-Meter-Leash, um im Notfall das Brett etwas von ihnen wegzubekommen. Heutzutage lernen ja auch weniger begabte Menschen das Surfen.«

Die Leash befestigt man am hinteren Fuß. »Mach sie am Fußgelenk fest, aber nicht zu eng«, rät Carla. »Schnall sie dir bequem ans Fußgelenk mit dem Klettverschluss auf der Außenseite. Leashes sind nützlich, aber du kannst dich auch darin verheddern und hinfallen, und das willst du ja nicht.«

Es gibt unterschiedlichste Leashes, aber die richtige zu finden kann man auf eine einfache Formel reduzieren: »Ich benutze normalerweise Leashes, die so lang sind wie mein Board«, sagt Carla, »zum Beispiel benutzt du für ein 9-Fuß-Longboard (2,70 Meter) eine 9-Fuß-Longboardleash.«

So leicht ist das. Aber wie befestigst du die Leash am Brett und an deinem Fuß? Je nach Leash und Brett kann das sehr unterschiedlich sein. Es gibt Boards mit einer kleinen Schlinge, durch die die Leash durchgezogen wird. Oder es gibt Leashes mit einer Schlinge, die man unter einem Steg hindurchschiebt.

Was auch immer du hast: Schiebe es durch den sogenannten Leash Plug. Der befindet sich immer auf dem Deck des Bretts. Oldschool-Surfer bohren auch schon mal ein Loch in die Finne und ziehen die Leash da durch. In Sachen Sicherheit und Gleiteigenschaften sicherlich nicht die beste Idee. Verschiedene Leashes werden also auf unterschiedliche Weise befestigt. Das muss man nur wissen. Carla: »Versichere dich, dass die Leash gut am Brett fest ist, denn wenn sie sich löst, hast du einen anstrengenden Weg zurück an den Strand, über Seeigel und Muscheln, und das ist nicht schön.«

Die Leash gehört an deinen hinteren Fuß. »Befestige sie an deinem hinteren Fußgelenk, aber nicht zu eng«, erklärt Carla. »Mach sie so fest, dass es bequem ist, mit dem Klettband auf der Außenseite deines Fußgelenks. Leashes sind zwar sehr nützlich, aber sie können auch Ärger machen.«

Die Vorbereitung

Braun werden ist gut, Sonnenbrand ist es nicht! Selbst wenn die Sonne nicht scheint, schaffen es UV-Strahlen immer bis auf deine Haut. Welche Sonnencreme du auch nutzt, trage sie 20 Minuten vor deiner Session auf. »Gib immer acht auf dich«, gilt auch für deine Haut.

Moderne Surfanzüge haben jede Menge Taschen, Laschen, Hauben, Dichtungen und anderen Schnickschnack. Es ist also gar nicht einfach, sie richtig anzuziehen. Wenn du Angst hast, deinen Anzug falsch herum anzuziehen und dann wie ein Trottel auszusehen, frag einfach jemanden, der sich damit schon auskennt, ob er dir hilft.

Benutze immer Sonnencreme – auch wenn die Sonne nicht scheint. UV-Strahlen kommen auch bei Bewölkung durch und treffen auf deine Haut.

In einen modernen Surfanzug mit all seinen Laschen, Bändern und Dichtungen zu steigen kann sehr schwierig werden. Frag einfach einen Freund, ob er dir hilft. Wenn du Single bist, kannst du natürlich auch eine schöne Fremde fragen.

Das Surfbrett richtig tragen

Auch wenn Softboards fast unzerstörbar sind, sollte man sie nicht einfach über den Strand schleifen – das ist der sicherste Weg, die teure Investition kaputtzumachen. Anfän-gerbretter wie zum Beispiel Softboards sind recht breit und sperrig und daher schwer zu tragen. Diese Tipps helfen dir, das Brett und auch deinen Körper beim Tragen zu schonen.

Trage dein Surfbrett – schleife es nicht durch den Sand.

Du kannst dein Board auch in der Armbeuge tragen. Es lehnt dann an Schulter und Kopf. Das ist quasi die alte Schule. Als damals die Jungs ihre rund 45 Kilo schweren Bretter zum Strand schleppen wollten und sie nicht unter ihren Arm passten, nutzten sie diese Methode. Man bekam davon keinen platten Schädel und sah aus wie He-Man.

Man kann sein Brett auch einfach auf dem Kopf balancieren.

Die ersten Schritte

Nach all der Vorbereitung wird es Zeit, aufs Wasser zu kommen. Geh immer mit klarem Kopf und wachsamen Augen aufs Wasser. Sei dir stets bewusst, dass das Element Wasser sehr schön ist und viel Spaß verspricht, es aber auch immer Gefahren birgt. Sei also immer wachsam und gib acht auf dich.

»Ich hatte mal einen kleinen Jungen von vielleicht fünf Jahren im Unterricht«, erinnert sich Carla. »Wir gingen zusammen bis ans Wasser, und dann meinte er, dass er es sich anders überlegt hat. Ich fand das eine sehr reife Einschätzung. Viele andere Leute geben auf, wenn sie mitten im Wasser sind, und das wird dann schnell gefährlich. Ich erinnere mich an eine Schulung, bei der wir gute Wellen hatten und mitten in der Brandungszone lagen. Da gab ein Schüler plötzlich völlig unvermittelt auf. Er wollte sich einfach nicht mehr bewegen, obwohl Wellen kamen und andere Surfer an ihm vorbeischossen. Das war echt gefährlich und machte mich fast wahnsinnig. Es gibt beim Surfen Phasen, in denen du dir nicht einfach eine Pause nehmen kannst, selbst wenn du müde bist. Wenn da ein Set mit Wellen kommt, musst du mindestens abtauchen, um der Gefahr zu entgehen. Sonst wirst du vom Ozean verprügelt.«

Den Bereich, in dem das Meer auf den Strand trifft, nennt man auch Shorebreak. Je nachdem, wie hoch die Wellen sind, kann dieser Bereich unproblematisch oder recht gefährlich sein. Beim Surfen braucht man Erfahrung und vor allem viel Geduld. Und dieser Bereich ist ein guter Platz, um sich in Geduld zu üben. Wenn die Wellen auf den Strand brechen, warte einfach ab. Warte, bis das Meer etwas ruhiger wird, dann starte und paddel so schnell du kannst.

Carla glaubt an den Einstieg mit trockenen Haaren: »Am liebsten bringe ich meine Schüler mit trockenen Haaren durch den Shorebreak raus aufs Wasser. Deshalb lehre ich sie Geduld und das richtige Timing. Schau dir die Bewegung auf dem Meer genau an und passe den richtigen Moment zum Rauspaddeln ab. Wie groß ist der Abstand zwischen den Sets? Wie viele Wellen sind in einem Set? Wie viele Surfer sind schon draußen? Schau dir die Bedingungen genau an, während du wartest.«

Carla ermutigt ihre Surfschüler, so schnell wie möglich auf die Füße zu kommen. Einige fühlen sich aber besser, wenn sie zunächst auf Knien surfen, bis sie sicherer sind. »Ich halte nicht viel davon, sich das Surfen auf Knien erst anzugewöhnen«, erklärt Carla. »Das verlängert den Prozess zum flüssigen Takeoff eigentlich immer.« Surfen hat wie erwähnt mit Geduld zu tun: paddeln, auf die richtige Welle warten, wieder paddeln, um sie zu kriegen, aufstehen, reinfallen, und das immer und immer wieder.

»Es gibt extrem wenig Anfänger, die aufstehen und direkt losfahren«, berichtet Carla. »Ein paar schaffen das dennoch. Surfen ist nicht wie einen Baseball werfen. Das lernt man nicht in ein oder zwei Stunden. Es braucht Jahre, um richtig surfen zu lernen.«

Surfers Lexikon

Shorebreak sind Wellen, die direkt auf den Strand brechen – normalerweise kann man sie nicht surfen.

Der Shorebreak ist der Bereich, an dem das Meer aufs Land trifft. Wenn die Wellen hoch sind, kann es am Shorebreak gefährlich werden. Wenn gerade große Wellen brechen, warte einfach einen Moment ab.

Wenn es eine Pause zwischen den Wellen gibt, renn hinein ins Wasser.

Surfers Lexikon

Im **Lineup** warten Surfer auf die anrollenden Wellen.
Das Lineup ist draußen auf dem Wasser, dort,
wo die Wellen brechen.

Surfen ist Passion! Oft musst du lange auf die perfekte Welle warten. Du sitzt dann mit den anderen Surfern im Bereich, wo die Wellen brechen, im sogenannten Lineup.

Während Surfer auf Wellen warten, liegen sie oft auf ihrem Bauch auf dem Brett. Du kannst aber genauso gut auch im Sitzen warten. So siehst du auch die anrollenden Wellen besser.

Surfers Lexikon

Als **Boje** wird ein Surfer abschätzig bezeichnet, wenn er nur im Lineup sitzt, ohne Wellen anzupaddeln.

Wenn du eine Welle kriegen willst, dann gib richtig Gas beim Anpaddeln.

Sobald die Welle hinter dir anfängt zu brechen, mach dich bereit, aufzuspringen.

Stehe entschieden, schnell und mit aller Kraft auf, so wie du es am Strand gelernt hast.

Erfolgreiches Aufstehen hat viel mit der richtigen Balance zu tun.

Wenn du mit der Welle paddelst, kannst du es an den Füßen merken, wann sie zu brechen anfängt.

Drück dich schnell nach oben, sobald du spürst, dass die Welle dich mitnimmt.

Die richtige Paddelposition hilft dir sehr beim Übergang von der Bauchlage in den Stand. Also Brustkorb nach oben und Rücken durchstrecken.

Wenn du aufspringst, musst du deine Füße so schnell wie möglich unter deinen Körper kriegen; nutze alle Kraft im Oberkörper, um dich blitzschnell zu bewegen.

Du musst auch sehr schnell sein, um auf den Füßen dein Gleichgewicht auszubalancieren.

Deine Arme nutzt du jetzt, um deinen Oberkörper auszubalancieren und so das Gleichgewicht zu halten.

Beuge deine Knie, um noch mehr in die Balance zu kommen und deinen Körper zu stabilisieren.

Der Augenblick der Wahrheit. Hier ist die Körperposition perfekt, genau in der Mitte des Bretts. Du paddelst mit langen, gleichmäßigen Zügen und drehst deinen Kopf nach hinten, um zu beobachten, wie sich die Welle aufbaut.

Wenn du zu weit vorn und schräg auf dem Brett liegst, wirst du, wie hier, schnell einspitzeln.

Wenn du merkst, dass du kurz vorm Einspitzeln bist, verlagere dein Gewicht weiter nach hinten. So kannst du den Takeoff noch retten.

Beim Aufspringen und Surfen geht es dann erst einmal nur noch um Gleichgewicht und Geschwindigkeit.

Die Wellen zeigen dir ziemlich schnell, wenn du etwas falsch machst.

Training mit Kate

Der Surflehrer John Philbin hat der Schauspielerin Kate Bosworth für den Film *Blue Crush* das Surfen beigebracht.

Von John Philbin und Ben Marcus

Schon viele Schauspielerinnen und Schauspieler haben Surfer gemimt. Die Liste der Namen ist lang und enthält sogar einige Oscar-Gewinner: Sandra Dee, Elvis Presley, Cliff Robertson, Jan-Michael Vincent, Patrick Swayze, Gary Busey, Keanu Reeves oder Cameron Diaz. Am besten hat sich aber Kate Bosworth auf dem Wasser geschlagen. Und das nicht zuletzt dank ihres Surflehrers John Philbin.

In dem Hollywoodfilm *Blue Crush* aus dem Jahre 2002 spielt Kate die hawaiianische Surferin Anne Marie Chadwick, die nach einem schweren Sturz beim Surfen mit ihren Ängsten zu kämpfen hat. Ihr Ziel ist es, wieder bei einem Surfcontest am legendären Spot Pipeline zu starten.

Surfers Lexikon

Banzai Pipeline ist eine berüchtigte Welle an der North Shore von Oahu auf Hawaii. Man nennt sie auch nur **Pipe**. Den Namen hat die Welle, weil sie immer als perfekte **Tube** bricht.

Glasser ist die Kurzform von »Fiberglasser«. Das ist jemand, der Surfbretter laminiert.

Am Anfang des Filmes gibt es eine Szene, in der ein junges, blondes Surfmädel in Pipeline rauspaddelt. Es ist ein großer Tag an dem gefährlichen Spot: Surfer und Boogieboarder starten in die Wellen. Einige kommen in die Tube, andere stürzen brutal. Und mitten hinein paddelt Anne Marie. In den meisten Filmen würde man die Schauspielerin oder den Schauspieler wohl kaum selbst in die 3-Meter-Wellen paddeln lassen und stattdessen auf ein Double zurückgreifen. Aber hier sieht man sofort, dass das Mädchen, welches da in Pipeline rauspaddelt, tatsächlich Kate ist. Es sieht wirklich nach ihr höchstpersönlich aus. Du wirst dich fragen: »Wie um alles in der Welt ist die da hingekommen?«

In Johns Händen

John Philbin hat Kate dabei geholfen, im gefährlichen Pipeline rauszupaddeln. John ist als Surfer in Palos Verdes in Kalifornien aufgewachsen. Er träumte schon immer davon, in Pipeline zu surfen und in Filmen mitzuspielen. Von der Universität in Südkalifornien bekam er eine Auszeichnung fürs Theaterspielen. Danach studierte er in den Loft Studios Schauspiel, zusammen mit Sean Penn, Nicholas Cage, Meg Ryan, Michelle Pfeiffer, Laura Dern, Eric Stolz und vielen anderen. Manchmal werden Träume auch wahr. Johns Traum wurde Realität, als er für zwei Filme in Pipeline surfen gehen durfte: In Universals Kultfilm *The North Shore* von 1987 spielte er Turtle, einen Hawaiianer mit nuschelndem, breitem Akzent. Vier Jahre später war er der Bankräuber unter der Jimmy-Carter-Maske in *Gefährliche Brandung*. Gerade erst spielte John erneut den Bösewicht in Brian Grazers TV-Pilotfilm *The Break*, in dem John Stockwell Regie führte. Die weibliche Hauptrolle spielt Kala Alexander, und es wurde genau dasselbe Rettungsschwimmerteam wie in *Blue Crush* eingesetzt.

Seine Schauspielkunst, kombiniert mit seiner jahrelangen Erfahrung als Surfer, machen John zum perfekten Surflehrer, und das schon seit 1999. Er unterrichtet sowohl die Stars als auch ganz normale Menschen – eben jeden, der surfen lernen will. Manchmal arbeitet er auch bei Werbefilmen oder Fernsehproduktionen mit. Wann immer die Glaubwürdigkeit des dargestellten Surfens gefragt ist.

Für *Blue Crush* wurde Philbin direkt von John Stockwell engagiert. Produziert wurde der Film von John Grazer, einem der Mitbegründer von Imagine Films. Grazers Filme wie *Splash*, *8 Mile* oder *A Beautiful Mind* wurden für mehr Awards nominiert als Surfer Kelly Slater Weltmeistertitel abgeräumt hat. Grazer und Stockwell sind zwei Jungs, die sich lieber von einer 15-Meter-Welle in Sunset verprügeln lassen würden, als einen schlechten Film zu machen. Der Erfolg von *Blue Crush* liegt nicht zuletzt darin, dass sie ihre Hauptdarstellerin zu einer echten Surferin gemacht haben.

Aus Kate wird Anne Marie

2001 war Kate Bosworth gerade mal 19 Jahre alt, hatte die High School in Connecticut abgeschlossen und einen Studienplatz an der Universität Princeton ergattert. Doch den sagte sie erst einmal ab. Sie wollte nach Hollywood. Im Sommer 2001 hatte sie schon vier meist kleinere Rollen in Hollywoodfilmen auf ihrer Habenseite. Zum Beispiel in *Der*

Schauspielerin und Surferin Kate Bosworth und der Surfer und Schauspieler John Philbin am Strand von Malibu beim Training für Bosworths Rolle als Anne Marie Chadwick im Film *Blue Crush*.

Pferdeflüsterer, *The Newcomers* und *Remember the Titans* und in der Fernsehserie *Young Americans*. Bosworth ging ihren Weg in einem harten Geschäft mit viel Konkurrenz. Es gibt schließlich jede Menge junge, blonde und talentierte Schauspielerinnen. Sie war also bereit für ihre erste große Hauptrolle in einem Hollywoodfilm von Brian Grazer, und sie schaffte es, die Macher davon zu überzeugen: »Kate war sich nicht sicher, ob sie das mit dem Surfen auf die Reihe kriegen würden, als wir das erste Mal mit ihr darüber sprachen«, erinnert sich Stockwell. »Also nahm sie noch schnell ein paar Surfstunden, bevor sie uns was zeigen sollte.«

Zum ersten Mal traf Kate ihren Surflehrer John Philbin bei Starbucks in Malibu, weniger als eineinhalb Kilometer vom Surfspot First Point entfernt. »Kate war pünktlich und voller Tatendrang«, berichtet Philbin, »auf den ersten Blick fand ich sie nicht nur sehr hübsch, sondern auch athletisch. Ich konnte mir schon vorstellen, warum die sie für die Rolle wollten. Aber sie konnte eben nicht surfen. Meine Aufgabe war es, sie ins Wasser zu bringen und rauszubekommen, ob sie das Zeug dazu hat, eine Surferin an der North Shore von Hawaii darzustellen.« Es war also Philbins Aufgabe, ihr zu zeigen, wie ein Surfer läuft, wie er spricht, wie er paddelt und wie er die Welle bekommt. Und das alles so, dass es natürlich aussieht. Die meisten Schauspieler haben Probleme damit, wirklich wie ein Surfer auszusehen. Das fängt schon mit dem Paddeln an. »Paddeln hört sich natürlich nicht so glorreich an, aber 90 Prozent beim Surfen sind Paddeln«, erklärt John. »Ich sage immer, dass das Halten der Position beim Surfen alles ist. Das erreicht man nur durch Paddeln. Nur dadurch bekommst du die Wellen und kannst du vor ihnen fliehen, wenn nötig. Du paddelst, um außer Gefahr zu kommen oder dich den brechenden Wellen zu nähern. Der Unterschied zwischen absoluter Gefahr und relativer Sicherheit können im Meer oft nur ein paar Paddelzüge sein. Besonders an dem Spot, an dem Kate in ihrer Rolle surfen sollte: in Banzai Pipeline.«

Herausforderungen in Pipeline

In *Blue Crush* ist Anne Marie Chadwick eine professionelle Surferin mit viel Erfahrung in Pipeline. Aber sie fürchtet sich vor dem Spot. Sie kann nicht vergessen, dass sie hier so schwer stürzte, dass sie mit dem Kopf auf den Meeresgrund schlug und fast ertrunken wäre. Weil Pipeline der wichtigste Ort in diesem Film ist, musste Kate nicht nur gut auf dem Surfbrett aussehen. Sie musste auch authentisch

wirken, während sie fast 50 Meter zu einem der gefährlichsten Surfspots der Welt rauspaddelt.

Es wurde natürlich nicht von ihr erwartet, hier auch
wirklich zu surfen. Das eigentliche Surfen sollte von
Rochelle Ballard und Noah Johnson gedoubelt werden.
Aber bei den Nahaufnahmen brauchte man natürlich Kate.
Das hieß für sie duckdiven und durch den Ozean paddeln
wie eine echte Surferin. »Mir war klar, dass Kate vernünftig
paddeln musste. Außerdem musste sie sicher auf dem Brett
sitzen und dabei auch noch reden können«, erklärt John.
»Ich wusste schon nach unserer ersten Stunde, dass sie
das schaffen würde. Kate ist ein Naturtalent. Das sind viele
Schauspieler, weil es körperlich ein sehr anspruchsvoller
Job ist. In den ruhigen Wellen am Malibu Beach konnte sie
perfekt die ersten Schritte üben. Sie tauchte rechtzeitig auf,
hörte auf meine Anweisungen, stand schnell auf und ritt
eine Welle. Sie zeigte sofort ihr Talent. Sie war motiviert,
alles richtig zu machen – sie wollte perfekt werden. Ich
wurde von den Produzenten bezahlt. Zu meinen Aufgaben
gehörte es also auch, täglich wahrheitsgemäß über ihre
Fortschritte zu berichten. Sie wollten wissen, ob Kate Motivation, Willen, eine gewisse Sportlichkeit und Mut mitbringt.
Surfen ist nicht für jedermann. Es ist manchmal hart und
kann Angst machen.«

Kate trainierte täglich zwischen zwei und vier Stunden und das vier bis sechs Tage in der Woche. Die volle
Packung Ozean also. »Jeder Surfneuling wird auf dem
Wasser vor immer neue und unbekannte Situationen und
Entscheidungen gestellt«, erläutert John. »Aber eines haben
alle Bewegungssituationen gemeinsam: Sie sind sozusagen immer fließend. Daher trainierte ich mit Kate diese
fließenden Bewegungsabläufe immer und immer wieder.
Wir starteten unsere Sessions immer mit der Abfrage der
Wettervorhersage. Wir wären natürlich auf alle Fälle raus-
gegangen, aber ich wollte ihr die Unterschiede näherbrin-
gen. Dann fuhren wir an den jeweils am besten geeigneten
Spot für das, was wir gerade trainieren wollten. Wir sahen
unsere Spots zu unterschiedlichen Gezeitenständen und
lernten, wie ein bestimmtes Bodenrelief eine Welle formt.
Kate lernte, wie das brechende Weißwasser Auskunft über
die Beschaffenheit des Riffs, der Felsen unter Wasser oder
der Strömungen gibt. Wir sahen uns die Lineups genau an.
Wir wiederholten die Grundlagen immer wieder: Die Bretter
vom Autodach nehmen und wieder rauflegen. Das Brett
wachsen. Die Leash anbringen und wieder abnehmen. Die
Finnen einsetzen. Das Brett über längere Distanz tragen.«
Das Brett wurde ihr Werkzeug, der Umgang damit für sie
immer vertrauter.

»Immer wieder gingen wir aufs Wasser raus und
wieder rein. Ich erzähle meinen Schülern immer, dass das
einer der gefährlichsten Augenblicke beim Surfen ist. Den
Bereich betreten, wo das Wasser auf den Strand trifft. Man
sollte das mit dem allergrößten Respekt tun. Fast wie ein
religiöses Ritual.«

»Dann paddelten wir durch Wellen, über Wellen, unter
Wellen durch«, sagt John. »Ich wusste, dass Duckdiven für
den Film wichtig werden würde. Also machten wir das hun-
dertmal, während wir eine lange Distanz paddelten. Wenn
uns dabei Wellen begegneten, nutzten wir die sofort und
paddelten sie an. Man soll sich alldem mit voller Hingabe
widmen. Das unterscheidet im Allgemeinen angesehene
Surfer von allen anderen. Es ist sehr schwer, das jemandem
beizubringen. Ich war mal draußen in Waimea Bay, als Kelly
Slater seinem Bruder und dem kleinen John John Florence
eine Surfstunde gab, wie man richtig sitzt und wie man
eine gute Welle bekommt. Er schrie so was wie ›Komm,
komm, komm!‹ Damit meinte er praktisch: Paddel so stark
und schnell, wie du kannst. Paddel, als wenn dein Leben
daran hängt. Eines Tages wird das vielleicht auch echt mal
so sein.«

Am Ende von *Blue Crush* läuft es auf ein Finale mit zwei
Frauen bei den Pipe Masters hinaus. Anne Marie hat es bis
ins Finale geschafft, wo sie auf die Surferin Keala Kennelly
trifft. In den hohen 3-Meter-Wellen begegnet sie wieder
ihren Ängsten. Nachdem Anne Marie gestürzt ist, will sie
nicht wieder ins Lineup rauspaddeln und wird von Kennelly
angesprochen: »Was machst du da?«, fragt sie. Dann
begleitet diese ihre Gegnerin zurück ins Lineup, wo Anne
Marie sich eine perfekte Welle schnappt.

Es ist ein schönes Ende mit einem gewissen Wahrheits-
gehalt. Denn eine entscheidende Sache, die Bosworth von
dieser fremden, neuen Surfwelt gelernt hat, ist die tolle
Kameradschaft unter allen, die da draußen auf einem Stück
Plastik umherpaddeln.

Ratschläge von Laird Hamilton

Wie im Film kam sich Kate bei einer Surfsession in Point
Dume vor: »Plötzlich kam da Laird Hamilton auf seinem
Standup Paddelboard vorbei«, sagt Philbin. »Er gab Kate
einen guten Ratschlag. Er empfahl ihr, einfach sehr schnell
aufzustehen, so schnell sie konnte, wenn sie eine Welle
kriegen wollte. Denn Stehen geht bei uns allen besser als
jede andere Körperposition. Deswegen ist es doch nur sinnvoll, dass wir so schnell wie es geht zum Stehen kommen.

Aufstehen ist das Einzige, was wir richtig gut schon an
Land üben können. Ich ziehe erst eine Linie in den Sand, wo

die Füße versetzt zum Stehen kommen müssen. Das kann man auch auf einer Parkbank üben. Wenn du es schaffst, auf einer engen Parkbank zwischen deinen Händen aufzustehen, schaffst du das auch auf einem Surfbrett.«

Pass immer auf dich auf

John Philbin hat schon Hunderten Menschen Surfen beigebracht. Aber bei Kate war das ein bisschen anders, weil ja auch der Erfolg eines 25-Millionen-Euro-Films davon abhing. Eine Verletzung hätte für Kate das Ende des Films oder zumindest eine Verzögerung der Dreharbeiten bedeuten können: »Sicherheit war bei jeder unserer Sessions oberste Priorität. Und wie bei allen meinen Schülern machte ich auch Kate immer wieder darauf aufmerksam, ihren Kopf zu schützen. Statistisch ist surfen sicherer als Cheerleading. Auf jeden Fall sehr viel sicherer als Radfahren, Reiten, Snowboarden oder Skateboarden, denn wenn du stürzt, fällst du ja nur ins Wasser. Außer du triffst auf etwas Hartes.«

»Die häufigste Verletzung beim Surfen sind Schädelverletzungen durch einen Schlag des eigenen Boards. Wenn du das verhindern kannst, wirst du dich niemals verletzen. Schütze stets deinen Kopf vor deinem eigenen Brett, entweder mit den Händen oder sogar mit einem Helm. Wenn du die Kontrolle über dein Brett verlierst, sei dir immer darüber im Klaren, dass es zu dir zurückflippen kann und dann deinen Kopf trifft. Wenn das passiert, solltest du darauf gefasst sein und den direkten Schlag auf den Kopf verhindern.«

»Ansonsten kann natürlich noch der Meeresgrund hart sein. Springe also niemals mit dem Kopf voran ins Wasser, auch nicht mit gestreckten Beinen voran. Versuch einfach, nicht den Boden zu berühren. Versuche flach zu fallen oder flach abzutauchen, und schütze dabei deinen Kopf. Außerdem sind da noch die Bretter deiner Mitstreiter. Der Surfer Tamayo Perry hat das in Pipeline auf die ganz harte Tour gelernt und dabei fast den Kopf verloren. Aber die Boards anderer Surfer sind nicht nur an den Hot Spots eine Gefahr, sondern auch an jedem Anfängerspot auf der Welt.«

Die große Welle

Philbin trainierte mit Kate fast einen ganzen Monat, vier bis sechs Tage die Woche. Er wollte, dass sein junger Schützling es schafft und bereit ist für die Filmrolle, aber er musste auch ehrlich zu den Produzenten und dem Regisseur des Films sein: »Während der vierten Woche sollte ich täglich beim verantwortlichen Producer Rick Delago und dem Regisseur John Stockwell anrufen, um über Kates Fortschritte und ihre Lernkurve zu berichten, ihnen erzählen, was sie schon konnte und wie es um ihre Motivation stand. Während wir also draußen auf dem Ozean umherschwirrten, war in Hollywood eine ganze Armee von Filmleuten mit Entscheidungen über das Budget, den Filmlook, die Studios und nicht zuletzt über die Eignung ihrer Schauspielerin für diese Rolle beschäftigt.«

Blue Crush und die Rolle der Anne Marie war eine große Sache für Kate. Eine Rolle in einem Film von Brian Grazer konnte Kate zum Star machen, und das wusste sie. »Nach vier Wochen hatte Kate es geschafft und bekam den Job. Wir waren beide überglücklich«, erinnert sich Philbin. »Kates voller Einsatz beim Training hatte sich ausgezahlt, und ich freute mich, dass ich dieser jungen Schauspielerin zum Durchbruch verhelfen konnte. Sie übte noch zwei weitere Wochen und wurde immer besser. Dann brach sie auf nach Hawaii und begab sich auf dem Wasser in die Obhut von Brian Keaulana und Brock Little, das weltweit bekannteste Wasserrettungsteam unter Big-Wave-Surfern.«

Als Kate aufgebrochen war, um sich auf Hawaii zu beweisen, blieb Philbin in Kalifornien und fragte sich, wie sich sein Schützling an der berüchtigten North Shore schlug: »Ich sah Kate eine ganze Weile nicht mehr. Ich hörte, dass Brock Little sie mit in den Shorebreak von Waimea nahm, um ihr die Kraft hawaiianischer Wellen zu zeigen, und dass sie sich da sehr gut machte. Vier Wochen nachdem Brock und Brian quasi die Ausbildung übernommen hatten und fast zehn Wochen nachdem sie ihre ersten Schritte bei mir in Malibu begonnen hatte, flog ich rüber nach Hawaii und besuchte sie am Filmset. Kate zeigte mir, wie sie jeden Tag raus ins Lineup von Pipeline bei den 3-Meter-Wellen paddelte. Die Bilder, die dabei gedreht wurden, kamen in den Film. Als ich das zum ersten Mal sah, war ich sprachlos. Ich dachte zunächst, dass jemand Kate gedoubelt hatte. Ich guckte mir die Szene immer wieder an und sah es mir ganz genau in Standbildern an. Ich konnte es nicht glauben. Aber sie war es, ohne jeden Zweifel. Das blasse Mädchen aus Connecticut war jetzt eine braungebrannte Surferin. Ihre Rückenmuskeln hatten zugelegt, und sie paddelte einfach raus in die 3-Meter-Brecher in Pipeline. Die Bedingungen sahen lebensgefährlich aus. Aber sie war hochkonzentriert und voller Kraft, und vor allem sah es völlig natürlich aus, wie sie rauspaddelte, während die gigantischen Megawellen direkt neben ihr aufs flache Pipeleriff schlugen. Was mir am meisten auffiel, war ihr beständiges, kraftvolles Paddeln.«

6

Die Geheimnisse des Meeres

Der Ozean ist gefährlich, und er ist geheimnisvoll. Den Großteil der Faszination des Surfens macht das Eintauchen in diese fremde Umgebung aus. Ein Ort, an dem sich Menschen nicht vollkommen zu Hause fühlen, wo wir sozusagen nicht das Maß aller Dinge sind. Der Dichter Henry Wadsworth Longfellow schrieb Folgendes über den Ozean:

Möchtest du die Geheimnisse des Meeres erfahren, fragt der Rudergänger?
Nur die Tapferen, die den Gefahren standhalten, begreifen auch seine Geheimnisse.

Schön ist der Ozean auch ohne Welle (links).
Wenn der Ozean in Bewegung ist, können die Wellen groß und eindrucksvoll sein – aber natürlich auch gefährlich (rechts).

Die hawaiianischen Ureinwohner wollten dem Ozean seine Geheimnisse entlocken. Das war ihr Lebenselexier. Sie waren auch die Pioniere des Surfens. Dieses Bild von 1878 zeigt die surfenden Eingeborenen auf einem Holzschnitt von Referend J. G. Wood in seinem Werk *The uncivilized races of man in all countries of the world*.

Der einzige Weg, die Geheimnisse des Meeres kennenzulernen, geht also über seine Gefahren. Die Geheimnisse des Meeres zu erforschen wird eine lebenslange Erfahrung sein und oft am Ende zur Obsession.

Verschiedene Wellen

Die meisten surfbaren Wellen entstehen durch Wind, der über das Meer bläst. Die dadurch entstehende Energie sortiert sich in gleichmäßig aufeinanderfolgende Wogen (Swells) und wandert über die Ozeane. Diese Swells brechen als Wellen, wenn der Meeresgrund in der Nähe der Küsten flacher wird.

Aber es gibt auch Ausnahmen. Im Amazonasbecken, im Severn River in England, im Turnagain Arm in Alaska und an einem halben Dutzend weiterer Orte auf der Welt reiten Surfer sogenannte Gezeitenwellen, teilweise mehrere Kilometer lang auf Flüssen und in Flussmündungen. Gezeitenwellen entstehen durch eine Verengung im Flussbett. Bei Flut formen sich die heranfließenden Wassermassen zu einer brechenden Welle. Das ist ein spannendes Phänomen, aber eher etwas für erfahrene Surfer.

Im August 2007 ließen sich die hawaiianischen Extremsurfer Garrett McNamara und Keali'i Mamala mit einem Jetski in eine Welle ziehen,

Pipeline gehört zu den bekanntesten Surfspots der Welt. Die Welle bricht über eine Riffplatte an der North Shore von Oahu auf Hawaii.

die sich durch das Abrutschen massiver Eisbrocken eines Gletschers gebildet hatte. Selbst richtig gute Surfer haben an so einer Welle kaum Interesse, aber Gmac und Keali'i waren schon immer etwas verrückt.

Außerdem gibt es auch künstliche Wellen, die in Pools auf der ganzen Welt betrieben werden. 99,9 Prozent der Anfänger reiten ihre ersten Wellen aber immer noch ganz normal im Meer, und ihre Wellen sind ganz einfach durch den Wind entstanden. Energie, die über kurze oder längere Distanz in Form von Swells durch die Ozeane transportiert wurde. Wenn diese Swells in flache Gewässer kommen, wird die Energie nach oben gedrückt, bis die Schwerkraft sie vornüberfallen lässt und sie als Wellen brechen.

Die Wissenschaft der Surfwellen

Auf einem »stillen« Ozean bläst überhaupt kein Wind, wenn man sich an der Terminologie der maritimen Beaufortskala orientiert. Für Wellen, die am Strand ankommen, sind solche Bedingungen sehr gut. Aber ohne Wind gibt es keinerlei Bewegungen auf dem Wasser, die einen Swell aufbauen können, und ohne Swell gibt es keine Wellen.

Wenn Wind über die Meeresoberfläche weht, wird die Windenergie in kleinste Wellen transformiert. Diese werden dann in 70 bis 80 Grad Ablenkung von der Windrichtung vorangeschoben. Diese kleinen Wellen werden größer, und wenn der Wind weiter anhält, entstehen daraus sogenannte Wavelets. Weht es dann noch weiter, entstehen immer mehr Wavelets und daraus schließlich ein aufgewühltes Meer.

In so einem aufgewühlten Meer sind die Bewegungen völlig chaotisch. Wavelets verschiedener Höhe und Wellenlänge reagieren und interagieren. Einige Wavelets löschen sich gegenseitig aus. Aber andere addieren sich, richten ihre Energie in eine Richtung, und es entsteht der Swell. Swell ist eine Hintereinanderreihung von Wellen mit derselben Wellenlänge, die in derselben Richtung über den Ozean ziehen. Als Fetch bezeichnet man die Länge der Strecke, über die der Wind auf dem Meer bläst.

Wenn man sich die Kombination aus Windgeschwindigkeit, Windrichtung und Fetch ansieht, kann man eine Aussage über Größe und Qualität des Swells treffen. Auf jedem Meer gibt es Swells mit unterschiedlicher Wellenlänge oder unterschiedlicher Höhe der Wellenkämme. Es kommt darauf an, wie lange und über welche Distanz der Wind weht. Swells mit kurzer Periode sind verhältnismäßig kurzlebig. Ihre Energie schwindet, sobald sie das Windfeld verlassen. Swells, die während eines Sturms schon recht früh entstehen, haben mehr Energie und können über einen ganzen Ozean wandern. Wie kleine Wellen, die sich bilden, wenn man einen Stein in ein großes Wasserbecken wirft, haben diese Swells die Kraft, sich ohne Wind über lange Strecken fortzubewegen.

Surfers Lexikon

Als **Personal Watercraft** oder kurz **PWC** bezeichnen die amerikanischen Surfer ihren Jetski. Solche Jetskis nutzen Surfer, um sich in Wellen ziehen zu lassen, die zu groß und zu schnell sind, um sie anpaddeln zu können. Das nennt man dann **Tow-in-Surfen**.

Einige der weltbesten Wellen laufen an Frankreichs Atlantikküste. Hier fährt die Profisurferin Celine Gerhart einen Bottum Turn in Hossegor, Frankreich.

Wenn sich ein Swell 800 Seemeilen, also etwa 1500 Kilometer, von seiner Windquelle wegbewegt hat, hat er schon zwei Drittel seiner ursprünglichen Höhe eingebüßt. Die Geschwindigkeit, mit der ein Swell über den Ozean rauscht, hängt unter anderem von seiner Wellenlänge ab. Swells mit hohem Wellenkamm bewegen sich außerdem langsamer als solche mit flachem Kamm. Ein weiteres Phänomen ist, dass sich Swells gleicher Wellenlänge im Meer verbinden.

Im unruhigen Meer misst man Wellenlängen unter 10 Sekunden. Beim Swell liegt die Wellenlänge immer über 10 Sekunden. Wenn du mehr Erfahrung sammelst, wird dein Glück nicht mehr nur von der Höhe des angesagten Swells abhängen, sondern auch von seiner Periode. Denn die Periode sagt ebenfalls einiges über Kraft und Geschwindigkeit des Swells aus. Die Surfer am Big-Wave-Spot Maverick's werden hellhörig, wenn die Swellansage über sechs Meter bei einer Periode von 20 Sekunden und mehr beträgt. Das verrät ihnen, dass der Swell einen weiten Weg durch den Ozean zurückgelegt hat und am Riff kraftvolle, mächtige Wellen formt.

Mark Sponsler surft regelmäßig in Maverick's. Als Meteorologe sagt er auch Surfswells vorher und ist somit einer der Ersten, die die frohe Kunde verbreiten, dass sich Swells von 20 Sekunden und mehr der Küste in Nordkalifornien nähern. »Wenn die See sich 12 bis 14 Meter aufschaukelt, kann daraus ein 20-Sekunden-Swell oder auch mehr werden. Vorausgesetzt er hat genügend Strecke, um sich aufzubauen. Ich meine damit die Distanz, die chaotische, große Wellen unter Einfluss von Wind wandern müssen, um sich zu einem sortierten Swell zu formieren«, erklärt er. »Das ist dann wie Weihnachten, wenn das Geschenk aus dem Papier gewickelt wird, bis ein Juwel zum Vorschein kommt. Dafür braucht ein Swell normalerweise eine Distanz von mindestens 1200 Seemeilen, also etwa 2200 Kilometer. Mit anderen Worten, niemand will, dass ein solcher Sturm, der so einen Swell macht, näher an die eigene Küste kommt.«

Swells mit einer langen Periode bewegen sich länger und reibungslos durch das Meer, weil sie mehr Energie in sich tragen. Durch die größere Wellenlänge sind diese Swells flacher. Sie sind dadurch weniger anfällig für Wind, starke Strömungen oder den Einfluss anderer Swells.

Ein Wellenzug ist eine Gruppe von Swells mit ähnlicher Wellenlänge. Die Dynamik, die sie dabei entwickeln, ist ein echtes Naturwunder. Sie gruppieren sich wie eine Gruppe Radrennfahrer: Der führende Swell im Wellenzug verlangsamt sich und fällt nach hinten, während der nächste Swell mit mehr Energie die Führung übernimmt.

Die Geschwindigkeit, mit der sich ein Swell durch den offenen Ozean bewegt, ergibt sich aus seiner Periode multipliziert mit dem Faktor 1,5. Die Geschwindigkeit eines 18-Sekunden-Swells beträgt also 27 Seemeilen pro Stunde (50 Kilometer pro Stunde). Diese Gleichung gilt im tiefen Wasser, wenn es zu keinerlei Reibungsverlust am Meeresgrund kommt. Die Gleichung verändert sich, sobald sich ein

Swell vom offenen Meer her einer Landmasse nähert oder auf ein Riff vor einer tropischen Insel trifft.

Die Periode ist wiederum wichtig, wenn der Wellenzug vom offenen Ozean flachere Gewässer erreicht. Die Periode hängt nämlich direkt mit der Wellenlänge zusammen. Und die Wellenlänge wiederum mit der Geschwindigkeit des Wellenzugs in Relation zur Tiefe des Wassers.

Der Einfluss des Meeresbodens macht sich bemerkbar, wenn die Wassertiefe die Hälfte der Wellenlänge erreicht. Hier also die kleine Mathematik eines 18-Sekunden-Swells: 18 zum Quadrat ergibt 324, multipliziert mit 2,56 ergibt 829 Fuß oder auch 253 Meter. Bei einem 18-Sekunden-Swell zeigt der Meeresgrund also ab einer Tiefe von 244 Metern erste Wirkung. Kontinente haben normalerweise einen Festlandsockel, der erst mehrere hundert Seemeilen von der Küste entfernt ausläuft. Hingegen haben Surfspots, die mitten im offenen Ozean liegen, wie zum Beispiel Jaws oder Teahupoo, oft fast gar keinen Festlandsockel. Deswegen brechen die Wellen hier mit dieser enormen Kraft.

Das sogenannte Shoaling bezeichnet ein Phänomen, das auftritt, wenn sich ein Swell vom offenen Ozean dem Strand nähert. Durch die Wirkung eines flach zulaufenden Meeresgrundes entsteht Reibung, und der Swell wird abgebremst. Wenn das Wasser flacher wird, wird die Energie des Swells nach oben gedrückt, und die Wellenhöhe nimmt zu. Surfer, die diese Zusammenhänge verstehen, gucken auf die Swellperiode genauso wie auf die Höhe. Eine 1,5 Meter hohe Welle mit einer Periode von 12 Sekunden wird nämlich nicht so hoch sein wie eine 1,25 Meter hohe Welle, die eine 20-Sekunden-Periode hat.

Auf einen Swell mit langer Periode hat die Tiefe des Meeresgrundes und somit das Shoaling schneller Einfluss als auf einen Swell mit kurzer Periode. Aus diesem Grund erreicht ein langperiodischer Swell auch Küstenabschnitte, an denen ein Swell mit kurzer Periode gar nicht erst ankommt.

Auch lokale Begebenheiten haben viel damit zu tun, wie die Wellen letztendlich aussehen: Die Gezeiten, Strömungen, lokalen Winde und Wolkenkonstellationen haben den finalen Einfluss, und dieser kann gut oder weniger gut sein. Beispielsweise kann der Wasserstand bei Flut für ein bestimmtes Riff zu hoch sein, bei Ebbe aber wiederum zu niedrig.

Surfers Lexikon

Teahupoo ist ein weltbekannter Surfspot vor Tahiti, in Französisch-Polynesien im Pazifischen Ozean. Er ist bekannt für seine extrem hohlen und kraftvollen Wellen, die oft zwei bis drei Meter und höher werden.

Jaws ist ein Big-Wave-Spot auf der Insel Maui/Hawaii. Er wird Jaws, also das Maui genannt, weil die Welle so gigantisch und beängstigend ist. Sie kann bis zu 21 Meter hoch werden.

Wie man eine gute Welle findet

Wenn Swells vom offenen Ozean in die Nähe der Küste kommen, werden sie von vielen Faktoren beeinflusst: der Meerestiefe in Küstennähe, der lokalen Gezeiten, Strömungen, Wind und vor allem den letzten paar hundert Metern des Meeresgrundes, bevor die Wellen brechen.

Nehmen wir beispielsweise die Küste von Malibu. Im Nordwesten ist Zuma Beach, ein Beachbreak, also ein sandiger Meeresgrund, der sich durch Strömungen und die Gezeiten saisonal stark verändert. Wenn die Swells am Zuma Beach auflaufen, treffen sie auf tiefe und

Big-Wave-Surfen ist einer verrückten Elite der weltbesten Surfer vorbehalten. Um solche Monsterwellen überhaupt reiten zu können, lassen sich die Surfer meistens von Jetskis in die Wellen ziehen, weil diese zu schnell sind, um sie mit Muskelkraft anzupaddeln.

flache Abschnitte des Meeresbodens, abhängig von der Beschaffenheit der Sandbänke und dem gerade herrschenden Tidenstand. Ein Surfer, der auf den Strand von Zuma Beach blickt, sieht da die Sandbänke und sogenannte Channels, Abschnitte, wo gar keine oder kaum Wellen brechen. Ein geschultes Auge sieht genau, wo der Swell die guten Surfwellen bringen wird und ob die Wellen rechts, links oder sogar in beide Richtungen brechen werden.

Südlich von Zuma befindet sich Point Dume mit seinen zwei Pointbreaks Big Dume und Little Dume. Das physikalische Phänomen, das man hier beobachten kann, ist die Brechung. Der Swell bremst sich langsam ab, wenn er auf flacheren Meeresgrund trifft, aber der Rest der Welle bewegt sich neben dem Point immer weiter. Solche Pointbreaks zählen unter den meisten Surfern zu den Favoriten unter den Wellen, denn die Brechung bringt eine lang laufende, perfekte Welle hervor.

Rund um Point Dume gibt es auch Riffe, an denen die Wellen bei höheren Swells brechen. So ein Riff ist eine sehr steile Verflachung und in der Regel von tieferem Wasser umgeben. Die anrollenden Swells brechen dann meistens an einem Punkt, und man kann die Wellen nach rechts oder links abreiten. An den richtig guten Tagen am Point Dume fängt die Welle draußen am Riff an zu brechen und läuft dann den ganzen Weg bis zum Point rein. Die Surfer machen dann draußen einen spektakulären Takeoff und haben einen ewig langen Ritt bis an den Strand.

Fährt man die Küste von Malibu hinunter, finden sich noch eine ganze Reihe Beachbreaks, Pointbreaks und Riffe. Die sind allerdings nicht so bekannt wie Zuma Beach oder Point Dume. Aber auch da kann man richtig gute Tage erwischen. Es hängt immer von der Wellenhöhe, der Swellrichtung, der Periode und von den lokalen Winden und Gezeiten ab.

In der Mitte von Malibus Küste liegt der Surfrider Beach, ein klassischer, kalifornischer Pointbreak. Der Meeresgrund besteht hier aus Sand, Steinen und anderen Ablagerungen, die aus den Bergen vom Malibu Creek hergespült wurden. Über die Jahrtausende hat der Fluss hier eine perfekte Sandbank geformt, die ideal ist für Swells aus Süden, Südwesten oder Westen.

Malibu selbst ist ein klassischer Pointbreak. Die Wellen fangen an, in der Flussmündung zu brechen oder am sogenannten Third Point, dann laufen sie über Second und First Point bis zur Pier von Malibu. In Surffilmen von 1947 sieht man, wie sich alle diese Points zu einer langen Welle verbinden und an der Pier auslaufen. Leider verbinden sich die Points inzwischen nicht mehr so wie damals. Der Malibu Creek und einige Eingriffe durch den Menschen haben den Meeresboden so verändert, dass das nicht mehr passieren kann, was natürlich sehr schade ist.

Die Inside vom First Point, also die Malibu Pier selbst, ist nicht wirklich ein Surfspot. Aber an großen Tagen reiten hier die ganz Wagemutigen auch Wellen zwischen den Pfählen der Pier. An anderen Stränden in Kalifornien wie zum Beispiel am Huntington Beach, in Newport, in Mission Beach oder in Santa Barbara bilden sich an Aufbauten wie Anlegern oder an einer Pier ebenfalls Sandbänke, die sich gut zum

Surfen eignen. Hier sind durch menschliche Einflüsse einige der besten Wellen der Welt entstanden.

Die Bedingungen: Gezeiten, Wind, Strömungen

Wenn Surfer sich einen Spot ansehen, egal ob Beachbreak, Pointbreak, Riff oder an einem Anleger, schauen sie sich zunächst an, wie der Swell hereinkommt. Aber dann sehen sie sich auch alle weiteren Bedingungen an. Zum Beispiel wie die Gezeiten, der Wind oder auch Sonne und Wolken die Wellen beeinflussen.

Die Gezeiten sind wie massive ozeanische Strömungen, die von der Gravitation von Sonne und Mond abhängen. Die Gravitation der Sonne ist zwar wesentlich größer als die des Mondes, aber der Mond ist viel näher an der Erde, daher beeinflusst er die lokalen Gezeiten stärker.

Einige Surfer haben die Tidenstände wie eine innere Uhr abgespeichert. Die anderen müssen auf die Tidenkalender zurückgreifen. Die findet man online, in lokalen Zeitungen, ausgehängt an Rettungsschwimmertürmen oder in lokalen Surfshops und Angelgeschäften.

Manche Surfer bevorzugen hohe Tidenstände, andere eher niedrige. Jeder Surfspot wird anders vom Tidenstand beeinflusst. Einige legendäre Breaks brechen erst bei extremem Niedrigwasser, während andere gar nicht mehr funktionieren, sobald die Tide zu weit unten oder zu weit oben ist. Im Allgemeinen ist auflaufendes Wasser aber immer besser zum Surfen als ablaufendes Wasser. Das ablaufende Wasser wirkt dem einlaufenden Swell entgegen, während der auflaufende Tidenstand den Swell noch verstärkt.

Weil Malibus First Point ein reiner Pointbreak mit einem felsigen Untergrund ist, dehnt sich der Bereich der brechenden Welle bei niedrigen Tidenständen stark aus. Es entstehen sogenannte Sections in der Welle. Das sind Bereiche, in denen die Welle wesentlich steiler ist. Man kann die Welle dann nicht mehr komplett durchreiten, weil es zwischendrin recht flache Stellen in der Welle gibt, an denen sie den Surfer nicht mehr mitnimmt. Die besten Bedingungen gibt es in Malibu bei auflaufendem Wasser. Den Surfern in Malibu ist ein Phänomen, welches sie »tideacid« nennen, sehr vertraut. Bei einem zu hohen oder zu niedrigen Tidenstand funktioniert die Welle für etwa eine Stunde gar nicht. Genau in dem Zeitfenster wechselt die Tide von auflaufendem zu ablaufendem Wasser und umgekehrt. Dann gibt es aber in der Gegend von Malibu andere Wellen, die sich gut surfen lassen. Zum Beispiel die Pointbreaks, die vor den bekanntesten Restaurants Dukes und Chart House brechen.

Es gehört zum Surfenlernen auch dazu, mehr über die Gezeiten zu erfahren und wie sie deine Welle beeinflussen. Grundsätzlich bestehen Wellen ja aus Wasser. Also gilt grob: je mehr Wasser, desto besser. Aber das stimmt natürlich nicht immer.

Der Einfluss von auflandigem und ablandigem Wind

Die lokalen Winde an einem Surfspot beeinflussen die Welle mindestens

Fortsetzung auf Seite 120

Surfers Lexikon

Ein **legendärer Break** ist eine ganz besondere Welle, die nur sehr selten und unter ganz bestimmten Umständen zu einer surfbaren Welle wird.

Begriffe aus der Welt der Ozeane

A-frame: Ein anderer Ausdruck für »Peak«. Eine perfekt brechende Welle, die nach rechts und nach links läuft.

Ablandiger Wind: Ablandige Winde bieten meist gute Surfbedingungen. Das Face der Welle wird steiler, wenn der Wind von der Küste in Richtung Meer weht. Die Wellenschulter bleibt länger stehen, und die Welle bricht sauberer. Ablandiger Wind ist das i-Tüpfelchen eines guten Surftages.

Anbrechen: Wenn Wellen in flaches Gewässer kommen und oben am Wellenkamm schon Weißwasser bilden, aber noch nicht ganz brechen.

Aufhalten: Der anrollende Swell kann von Strömungen oder anderen Swells aufgehalten werden. Der Swell wird so gestört. Für Beachbreaks kann das gut sein. Für Riffe oder Pointbreaks ist es schlecht.

Auflandiger Wind: Bei auflandigem Wind sind die Surfbedingungen meist schlecht. Wind, der vom Meer in Richtung Küste von hinten über die Wellenkämme weht, zerstört die Symmetrie eines Swells und verursacht Weißwasserbereiche in der Welle.

Aufräumset: Ein Wellenset, das deutlich größer ist als die anderen an einem Surftag und weiter draußen bricht. Es räumt im eigentlichen Lineup sprichwörtlich richtig auf. Die hier wartenden Surfer müssen abtauchen. Häufig kommen solche Sets, wenn sich der Swell noch aufbaut.

Backdoor: Wenn ein Surfer in einen sehr hohlen Teil einer Welle startet und noch hinter diesem Bereich anpaddelt, kommt er quasi durch die Hintertür. Die Amerikaner sprechen daher von »backdooring«.

Backwash: Wenn eine Welle, die an den Strand läuft, zurück ins Meer fließt, spricht man vom Backwash. Manchmal trifft dieser Backwash auf eine anrollende Welle, und das Wasser klatscht gegeneinander.

Barrel: Eine brechende Welle, ein anderer Begriff dafür ist Tube.

Beachbreak: Wellen, die über sandigem Untergrund brechen.

Blown out: Das sind weniger gute Surfbedingungen. Es kommt dazu, wenn eine Gegenwelle auf die anrollenden Wellen trifft. Es entstehen Sections in der Welle. Sie ist dann nicht mehr gut zu reiten.

Bluebird: Ein hawaiianischer Ausdruck für schöne hohe blaue Wellen, die weit draußen auf dem Meer brechen.

Bombe: Eine Welle, die an einem Surftag größer als die anderen ist. Es kann auch ein ganzes Set sein, das wesentlich höher ist als die anderen Sets.

Bombora: Ein australischer Begriff für ein Riff, das weit vor der Küste liegt. Die Welle bricht mindestens 1,5 Kilometer weit draußen im tiefen Wasser.

Bowl: Der besonders hohle Teil einer brechenden Welle.

Brandungszone: Die Amerikaner nennen das die »impact zone«. Das ist der Teil eines Surfspots, an dem die Wellen brechen.

Brechen: Das macht eine Welle, wenn sie in flacheres Gewässer kommt.

Brechung: Ein schönes Phänomen, das Pointbreaks wie in Malibu, Rincon oder Noosa Head in Australien schafft. Nähert sich ein Swell einem sogenannten Point, wird er hier abgebremst, und die erste Welle beginnt zu brechen, während sie im daneben liegenden tieferen Wasser in derselben Geschwindigkeit weiterläuft. So entstehen sehr lange Wellen.

Bumpy: Gute Surfbedingungen werden durch auflandigen Wind, Backwash oder Strömungen durcheinandergebracht.

Choppy: Die Surfbedingungen sind schlecht durch auflandige Winde, Backwash oder Strömungen.

Ein Surfer reitet an der Wellenlippe, während die Welle hinter ihm bricht.

Closeout: Wenn eine Welle zeitgleich an allen Stellen bricht und keine surfbare Wellenschulter hat. Der Surfer kann nur nach vorn entkommen. Solche Wellen sind zum Surfen ungeeignet.

Cloudbreak: Ähnlich wie der australische Begriff Bombora bezeichnet das eine Welle, die mindestens 1,6 Kilometer vor der Küste bricht.

Cross chop: Davon sprechen Surfer, wenn die Welle durch die falsche Windrichtung oder ungünstige Strömung durcheinandergerät und sich Sections und Unebenheiten bilden.

Curl: So nannten schon die ersten Surfer den brechenden Teil einer Welle.

Dauer des Windes: Die Zeit, in der der Wind auf dem offenen Meer weht. Die Dauer des Windes, die Windgeschwindigkeit und die Länge der Strecke (Fetch), über die ein Wind weht, haben entscheidenden Einfluss auf die Entstehung der Dünung und folglich der Wellen.

Double up: Wenn eine höhere Welle eine kleinere Welle überholt, können sie zusammen zu einer brechenden Welle werden. Manchmal ist das von Vorteil, es kann aber auch sehr schlecht sein.

Down the line: Eine Welle, die »down the line« bricht, ist eine schnelle Welle mit einer langen, steilen Schulter. Auf so einer Welle muss ein Surfer schnell und gut sein.

Drop: So nennt man den Start in eine Welle, nachdem der Surfer reingepaddelt und aufgestanden ist, noch vor dem ersten Turn.

Dump: Schlechte Surfbedingungen, ähnlich wie closeout. Die Welle bricht auf einmal komplett zusammen. Der Surfer kann nur noch geradeaus nach vorn ausweichen.

Dünung: Eine Dünung ist ein voll entwickelter Swell, der tausende Kilometer durch den Ozean wandert. Er hat eine Wellenlänge beziehungsweise eine Wellendauer von 15 Sekunden und mehr und ist sehr kraftvoll.

Face: Die Vorderansicht einer Welle vom Wellenkamm bis ins Wellental. Einige Surfer messen die Höhe einer Welle über die Ansicht von vorn, andere messen sie von hinten.

Feathering: Ein amerikanischer Ausdruck für das Anbrechen einer Welle. Wenn große Wellen in flacheres Wasser rollen, bilden sich kurz bevor die Welle ganz bricht am Wellenkamm Gischt und Schaum. Für Surfer ist das besonders an großen Tagen ein guter Hinweis auf das Lineup eines Surfspots.

Festlandsockel: Die Landmasse, die unter Wasser weiter ins Meer reicht, oft für hunderte Kilometer. Der Festlandsockel führt dazu, dass Wellen abgebremst werden, wenn sie sich der Küste nähern. Inseln haben meistens keinen Festlandsockel, weshalb die Wellen beispielsweise auf Hawaii oder Tahiti so viel Kraft haben.

Fetch: So wird die Länge der Strecke auf dem Meer bezeichnet, über die der Wind weht und so einen Swell hervorbringen kann. Je länger dieser Fetch ist und je stärker der Wind weht, umso mehr Energie wird der Swell haben.

Feurig: Eine besonders schnelle Welle, bei der der Surfer quasi immer auf der Flucht vor der einschlagenden Lippe ist.

Gegenströmung: Wenn Wasser einer Welle einen Strand hochfließt und zurück ins Meer läuft, kann eine Gegenströmung entstehen. So eine Strömung kann nützlich sein, wenn du weißt, wie du sie einsetzen musst. Man kann sich so zum Beispiel ohne viel zu paddeln in das Lineup ziehen lassen. Sie ist allerdings auch sehr gefährlich. Wenn man als Schwimmer in eine Gegenströmung kommt, sollte man nicht gegenan schwimmen, sondern sich treiben lassen. Wenn die Strömung schwächer wird, kann man seitlich herausschwimmen.

Glassy: Exzellente Surfbedingungen, bei denen es absolut windstill ist und die Wellen glatt wie Glas sind.

Gradangaben: Der Kompass ist in 360 Gradstriche eingeteilt. Die Richtung eines Swells wird mit der Gradzahl eines Kompasses vorhergesagt. Surfer lernen schnell, welche Richtungen für ihre Surfspots am besten sind.

Hole: Eine Welle, die über sehr flachem Untergrund bricht und am brechenden Teil eine Tube formt.

Hurrikan: Ein tropischer Zyklon mit Windgeschwindigkeiten über 200 km/h. Durch Hurrikane entstehen an der Ostküste der USA hervorragende Surfbedingungen. Sie richten aber auch große Schäden an. Hurrikanstürme im Pazifik sorgen außerdem für guten Surf an der amerikanischen Westküste und der Baja-Halbinsel.

Impact zone: Das ist der Bereich, an dem die Wellen brechen. Die Stelle, an der die Lippe einschlägt und dann vorn der Schaum ausläuft.

Inside: Der Bereich, an dem die brechende Welle schon näher an der Küste endet. Die Inside gehört auch noch zur Impact zone.

Intervall: Siehe Swellperiode.

Jacking: Wenn eine Welle plötzlich auf flachen Meeresgrund trifft, baut sich die Lippe auf und wirft weit nach vorn.

Kombinierter Swell: Swells aus verschiedenen Richtungen, die zeitgleich an eine Küste rollen.

Künstliches Riff: Über die Jahre wurde mit verschiedenen Materialien experimentiert, um künstliche Riffe zum Surfen herzustellen. Bislang war das aber noch nicht sehr erfolgreich. Durch Zufall hat der Mensch aber schon diverse Riffe entstehen lassen, zum Beispiel durch den Bau von Molen.

Lines: So nennen Surfer die Linien, die sich auf dem Meer oder am Horizont abzeichnen, wenn ein Swell anrollt. Je mehr, desto besser.

Lineup: Der Bereich an einem Surfspot, der ideal für den Takeoff ist. Das Lineup kann sich durch die Swellrichtung, die Gezeiten oder den Wind verändern. Erfahrene Surfer sichten das Lineup täglich neu. Sie nutzen Markierungen an Land oder feste Objekte im Wasser, um ihre Position auf dem Wasser zu halten.

Links: Vom Strand aus gesehen, bricht eine Welle von links nach rechts. Berühmte Linkswellen sind zum Beispiel Pipeline, The Wedge in Newport Beach, Kalifornien, und Unstad in Norwegen.

Lippe: Der Teil einer brechenden Welle, der gerade nach unten ins Wellental fällt.

Offen: Der surfbare Bereich einer Welle.

Outside: Ein Begriff, den Surfer rufen, wenn sich ein Set von draußen nähert. Es ist außerdem der Bereich, an dem das Lineup draußen anfängt, dort, wo die Wellen zuerst brechen.

Peak: Hier brechen die Wellen in beide Richtungen, also nach rechts und nach links. Oft wird so auch der obere Teil einer Welle bezeichnet.

Peeling: Eine Welle, die »down the line« bricht.

Periode: Die Kurzform von Swellperiode, also die Zeit, die zwei aufeinanderfolgende Wellenkämme benötigen, um einen fixen Punkt zu passieren. Je länger die Wellenperiode, desto mehr Energie transportiert der Swell.

Pit: Das ist die Brandungszone oder auch die Impact zone, in der die Wellen brechen.

Pitching out: So bricht eine Welle, wenn sie auf besonders flachem Untergrund bricht. Eine hohle Welle bricht dann mit viel Kraft. Wenn ein Surfer nicht schnell genug reagiert und aus der Welle befördert wird, heißt es ebenfalls pitching out.

Pointbreak: Eine Welle, die durch das physikalische Gesetz der Brechung entsteht. Pointbreaks laufen sehr lang und haben eine weite Wellenschulter. Sie brechen über Sand, Felsen, Korallenriffen oder Lava. Einige der berühmtesten Wellen sind Pointbreaks: Jeffreys Bay in Südafrika, Rincon in Puerto Rico oder Noosa Head an der Sunshine Coast von Queensland in Australien.

Pumpen: Davon sprechen Surfer, wenn die Wellen groß sind und konstant brechen. Es scheint, dass es nie wieder aufhört.

Punchy: Wellen mit viel Kraft.

Rechts: Von Land gesehen, bricht eine Rechtswelle von rechts nach links. Bekannte Rechtswellen sind zum Beispiel Jeffreys Bay in Südafrika, Backdoor Pipeline auf Hawaii oder Lance's in Indonesien.

Reflexion: Wenn eine Welle gegen ein Hindernis prallt und ein Teil der Welle in eine andere Richtung gelenkt wird. Durch die Ablenkung verbindet sie sich meist mit der nächsten anrollenden Welle, die dadurch höher wird und deutlich mehr Kraft bekommt.

Rennbahn: Ein Ausdruck, der normalerweise bei indonesischen Wellen für besonders flache Stellen des Riffs verwendet wird. Hier muss ein Surfer schnell sein, damit die Welle ihn nicht wegreißt und er über das flache Riff geschoben wird.

Richtung: Swells können sich einem Surfspot von überall her nähern. Die Richtung gibt den Winkel, aus der der Swell kommt, als Gradzahl an.

Santa-Ana-Wind: In Südkalifornien beschreiben Surfer so einen starken ablandigen Wind, der im Herbst und im Winter von der Wüste Richtung Meer weht. Dieser Wind kann für hervorragende Surfbedingungen sorgen.

Sauber: Das sind die wünschenswerten Surfbedingungen. Durch die optimale Windrichtung, den richtigen Tidenstand und weitere Faktoren entstehen perfekte Wellen.

Schaum: So nennt man das Weißwasser, das brechende Wellen hervorbringen.

Schaumkrone: Kleinste Wellen, die auf dem Meer anbrechen und vom Land als weiße Schaumflecken zu erkennen sind. Surfer sehen sie sich genau an, um den Einfluss des lokalen Windes festzustellen und so den besten Platz zum Surfen ausfindig zu machen.

Schulter: Der offene, steile Bereich einer Welle, der sich vor dem brechenden Teil befindet.

Section: Ein Abschnitt auf der Welle, der vor dem eigentlichen brechenden Teil bricht. Schlecht für die Qualität der Welle.

Set: Wellen kommen normalerweise in Gruppen oder Sets an die Küste.

Setpause: Die Zeitspanne zwischen zwei Sets, in der keine Wellen brechen.

Shape: Der Shape, die Formung einer Welle kann mit verschiedenen Begriffen näher beschrieben werden: lined up, closed out, A-frame, perfekt usw.

Shorebreak: Das ist der Bereich, in dem das Meer auf den Strand trifft. Spätestens hier endet eine Welle. Manchmal bricht die Welle hier gleichzeitig über ihre gesamte Breite.

Sideshore: Zum Wellenreiten eher ungünstige seitlich zur Welle wehende Winde.

Sloppy: Der Shape und die Kraft der Wellen werden durch Wind, Gezeiten oder Strömungen ungünstig beeinflusst.

Sneaker-Set: Ein Wellenset, das entweder größer ist als alle vorangegangenen oder aus einer anderen Richtung kommt. Wenn die Wellen richtig groß sind, muss man sich vor solchen Sneaker-Sets sehr in acht nehmen.

Soup: Der Schaum, der vor einer gebrochenen Welle hergeschoben wird.

Spit: Wenn eine Welle sehr hohl bricht, werden im Inneren der Tube Luft und Schaum stark komprimiert. Dieses Gemisch wird manchmal explosionsartig seitlich herausgeschleudert. Die Spots Pipeline, Teahupoo oder Jaws sind dafür besonders bekannt.

Strömung: Eine Bewegung des Wassers, die durch Wind, Gezeiten oder Rinnen im Riff hervorgerufen wird. Manchmal kann eine Strömung gut sein, wenn man sie zum Beispiel nutzen kann, um sich ins Lineup treiben zu lassen. Oft sind die Strömungen aber sehr gefährlich.

Swell: Das ist Energie aus stürmischen Winden über dem Meer, die sich zu Zügen aus Wellen formiert und durch den Ozean wandert. Ein Swell, der Richtung Küste zieht, wird nach seiner Richtung auf dem Kompass definiert, zum Beispiel Südswell oder Nordwestswell. In der Vorhersage wird die Qualität des Swells über Höhe und Periode bestimmt.

Swellhöhe: Die Höhe eines Swells wird von Wellenkamm bis Wellental gemessen.

Swellperiode: Die Periode eines Swells bezeichnet den zeitlichen Abstand von einem Wellenkamm zum nächsten.

Swell mit kurzer Periode: So wird eine Dünung bezeichnet, die eine Wellenlänge unter 14 Sekunden hat. Die Wellenkämme sind näher beieinander und steiler. Solche Swells sind anfälliger gegen Wind und Strömung.

Swell mit langer Periode: Ein Swell, der vom offenen Meer kommt und eine Periode hat, die länger als 14 Sekunden ist. Solche Swells tragen mehr Energie in sich, und die Wellenkämme sind nicht so steil. Daher werden sie nicht so schnell schwächer.

Swellschatten: Inseln oder andere große und kleine Hindernisse können den Swell von Teilen einer Küste abhalten. Die Küste um Santa Barbara bekommt zum Beispiel im Sommer kaum Wellen ab, weil sie im Swellschatten der Channel Islands liegt.

Tiefsee-Spots: Es gibt Riffe und Sandbänke, die weit draußen im Meer liegen und an denen, umgeben von Tiefsee, Wellen brechen können. Der bekannteste Tiefsee-Spot ist Cortez Bank, etwa 160 Kilometer vor der mexikanischen beziehungsweise kalifornischen Küste.

Tube: Der hohle Freiraum, den eine Welle bildet, wenn die Wellenlippe Richtung Wellental fällt. Surfer nennen das auch Curl oder Barrel, wobei es geschätzte hundert weitere Ausdrücke für diesen speziellen Bereich der Welle gibt.

Untiefen: Stellen, an denen das Wasser nicht besonders tief ist, egal ob der Untergrund ein Riff, Sand, Korallen oder Lava ist. Untiefen sollte man möglichst meiden.

Welle: Kommt ein Swell vom tiefen Wasser in flachere Gewässer, macht sich der Einfluss des Meeresgrunds bemerkbar. Der Swell beginnt in Form von Wellen zu brechen.

Wellendauer: Dieselbe Bedeutung wie Wellenlänge. Die Periode zwischen zwei Wellenkämmen, gemessen in Sekunden.

Wellenhöhe: Eine sehr umstrittene Sache. Einige Surfer messen die Wellenhöhe von vorn, andere von hinten. Einige geben die Höhe in Relation zur Körpergröße an. Viele Surfer neigen bei der Wellenhöhe zur Übertreibung.

Wellenkamm: So nennt man den oberen Teil einer Welle. Die Höhe einer Welle misst man vom Wellental bis zum Wellenkamm.

Wellental: Der untere Bereich einer Welle oder einer Dünung. Der obere Teil wird hingegen als Wellenkamm bezeichnet.

Wellenzug: Energie, die im Meer durch den Einfluss von Wind entsteht und sich selbst nach gleicher Wellenlänge in Wellenzüge sortiert. Erreichen diese die Küsten, brechen sie als Wellen, die in Sets anrollen.

Windswell: Wenn ein Swell aus Wind oder lokalen Stürmen entsteht, die nicht weiter als 1500 Kilometer vom Festland entfernt aktiv sind, spricht man von Windswell. Windswells legen keine so weite Strecke zurück wie ein Grundswell. Sie können sich daher nicht so gut sortieren und haben weniger Kraft. Sie können aber dennoch konstante Wellen bringen.

Windwellen: Wellen, die durch lokale Winde entstehen. Sie haben meistens eine sehr kurze Periode, wenig Kraft und brechen nicht besonders sauber. Sie haben nicht die Qualität der Wellen eines richtigen Swells, aber es kann dennoch Spaß machen, sie zu reiten.

Zyklon: Ein Sturmsystem, das in dieselbe Richtung wie die Erdrotation dreht. In der Regel gehen Zyklone aus Tiefdruckgebieten hervor. Ein Zyklon kann eine echte Wellenmaschine sein, durch die lange, perfekte Wellen entstehen wie in Superbank in Queensland, Australien, oder an den indonesischen Riffplatten.

Zylinder: Das ist ein anderer Ausdruck für die Tube. Wenn eine Welle bricht und dabei die Form eines großen, hohlen Zylinders bildet.

Fortsetzung von Seite 113

genauso stark wie die Gezeiten, wahrscheinlich sogar mehr. Der falsche Wind kann eine Surfsession direkt beenden, und jeder geht frustriert nach Hause. Der richtige Wind kann allerdings eine gewöhnliche Welle in eine außergewöhnlich gute Welle verwandeln. Deswegen haben Surfer jede Menge Begriffe, um die Windverhältnisse zu beschreiben: verblasen, sauber, ablandig, sideshore, choppy, sideonshore, glassy.

Ablandiger Wind ist das Beste, was einem Surfer passieren kann. Ein ablandiger Wind weht vom Land aus Richtung Meer. Er pustet direkt gegen die Welle. Er verzögert das Brechen der Welle und baut sie immer steiler auf. Sie bekommt so genau die Geschwindigkeit und Form, die Surfer lieben. Ein ablandiger Wind hält die Lippe lange auf, bevor sie ins Wellental kracht, und lässt sie perfekt brechen. Gleichzeitig wird die Oberfläche der Welle sehr glatt. Wellen sind normalerweise nie perfekt, wenn nicht ein bisschen ablandiger Wind weht. Schaut man sich Fotos von perfekt brechenden Wellen an, zum Beispiel in Pipeline, Jeffreys Bay, Maverick's oder auf den Mentawai-Inseln, dann sieht man immer Gischt, die von den Wellenkämmen nach hinten wegweht, während die Welle in absoluter Perfektion zur Seite wegbricht. Manchmal können ablandige Winde aber auch zu stark sein. In Malibu gibt es dieses Problem häufig. Ablandiger Wind bis zu 24 km/h macht eine langsame Welle schnell zu einer Weltklassewelle. Windgeschwindigkeiten über 24 km/h jedoch machen die Welle choppy und bringen Querströmungen ein. Es wird dann viel schwerer, hier zu surfen. Malibu ist nicht unbedingt eine schnelle, kraftvolle Welle. Der starke Wind macht es einem Surfer teilweise unmöglich, auf dieser Welle noch vorwärtszukommen. Aber auch auflandige Winde können an manchen Spots weiterhelfen. Big-Wave-Surfer auf Hawaii mögen ein bisschen auflandigen Wind, weil es sie in die Welle drückt. Ablandiger Wind greift hingegen oft unter das Surfbrett und kann so einen Surfer herausdrücken.

Generell sind auflandige Windrichtungen eher eine Plage für Surfer. Auflandige Winde wehen vom Meer über die Wellen in Richtung Strand. Sie zerstören die saubere Linie einer Welle. Es kommt zu Sections, die schnell in sich zusammenfallen. Auflandiger Wind kann deinen ganzen Surftag zerstören. Normalerweise läuft es in Kalifornien so, dass früh morgens höchstens leichter Wind oder sogar eine ablandige Brise weht. Wenn die Sonne rauskommt, entsteht dann oft ein leichter auflandiger Wind. Wir nennen es das morgendliche Übel. Wenn die Sonne höher steigt und sich das Land aufwärmt, steigt wärmere Luft auf. Es entsteht ein Vakuum, das sich mit kälterer Luft vom Meer anfüllt. Je nach Saison sind nicht nur in Kalifornien viele Surfspots schon um die Mittagszeit verblasen. Viele Surfer gehen dann für einige Stunden nach Hause, ruhen sich aus oder arbeiten. Abends kommen sie zurück. Dann lässt der auflandige Wind nach, und es gibt den abendlichen glassy Surf oder sogar ablandigen Wind. Der Wind, der tagsüber von der See Richtung Land weht, drängt dann durch die abkühlende Luft wieder zurück Richtung Meer.

Surfers Lexikon

Jeffreys Bay ist ein bekannter Surfspot am östlichen Kap in Südafrika.

Die **Mentawais** sind eine Inselkette, bestehend aus 70 kleinen Atollen und Inseln, die an der Westküste von Sumatra in Indonesien liegen. Sie sind für exzellente Surfbedingungen bekannt.

Surfregeln

First Point in Malibu ist wahrscheinlich der überfüllteste, stressigste und chaotischste Surfspot der Welt. Manche sagen, dass es bei Super Bank in Australien noch übler zugeht beim Kampf um die Wellen. Aber die Surfer in Super Bank sind immerhin sehr erfahren. Sie wissen, was sie tun. Das Problem an First Point dagegen ist, dass er nur 20 Minuten entfernt von den großen Städten Südkaliforniens liegt. Heutzutage, wo eine Wellenvorhersage einen Swell schon zwei Wochen vorher ankündigt und Webcams die Spots wie einen Gefängnishof abscannen, werden die Surfer geradezu ins Lineup gebeamt. First Point kann dem nicht entgehen. In First Point surfen Pioniere, die hier schon seit 40 Jahren Wellen reiten, aber hier versuchen es eben auch Anfänger,

Im Idealfall sollte immer nur ein Surfer auf einer Welle sein. Aber heutzutage versucht oft eine ganze Horde Surfer, dieselbe Welle zu bekommen. Surfregeln sollen dafür sorgen, dass es nicht zu Verletzungen kommt und jeder seine Wellen hat.

Dieses Schild am Strand von Malibu ging zurück auf ein Buch von Surfweltmeister Nat Young, der im März 2000 am australischen Spot Angourie Opfer einer Attacke von Locals wurde. In dem Buch *Surf Rage* schreibt Young über volle Surfspots, Localism und richtiges Verhalten auf dem Wasser.

die gerade mal seit 40 Minuten auf dem Ozean sind. Die Masse an Surfern verträgt sich hier häufig nicht besonders gut.

Aber auch in First Point ist es nicht immer voll. Es gibt auch entspannte Tage, wenn die Wellen nicht ganz so gut sind, und Tage, an denen man sich einfach fragt, warum es denn so leer ist. An diesen Tagen macht Surfen in Malibu echt Spaß. Die Leute sind entspannt, und Surfen ist dann genau das, was es sein sollte: eine schöne Art, Sport zu machen und Stress abzubauen. Leider sind diese Tage aber die Ausnahme. Meistens geht es in First Point zu wie in einem wilden Zoo. Die alteingesessenen Locals kollidieren hier mit haufenweise Besuchern. In Malibu sieht man alle Facetten schlechten Benehmens beim Surfen. Alles, was sich Surfer nicht antun sollten, passiert hier.

Das erste Gebot beim Surfen heißt: Nur ein Surfer pro Welle. Malibu ist zwar eine lange, entspannte Welle, die auch mehr als einen Surfer verträgt. Aber an einem guten Tag kann es schon mal sein, dass auf fast jeder Welle sechs oder sieben Leute gleichzeitig surfen. Wenn die sich dann alle zur selben Zeit hinstellen wollen, fällt natürlich die Hälfte rein. Einige hängen zu tief im brechenden Teil, andere sind zu langsam. Um die kann man dann einfach herumsurfen. Manchmal passiert es aber auch, dass mehrere an genau der gleichen Stelle eine Welle surfen wollen. Obwohl da eigentlich nur einer hingehört.

Manchmal wissen sie, was sie tun, und können sich aus dem Weg gehen, aber eben nur manchmal. Meistens begeht mindestens einer von ihnen oder sogar mehrere eine echte Dummheit. Oder jemand, der gerade rauspaddelt, verhält sich falsch. Oder jemand, der schon auf der Welle steht, muss miterleben, dass sie auch noch von vier anderen Typen angepaddelt wird, was natürlich auch ziemlich dumm ist. Das Ergebnis sieht dann so aus: Zusammenstöße, Hohn, blutende Wunden, blaue Flecken, Löcher im Board, verlorene Bretter, Fluchen und gegenseitige Beschimpfungen. Wenn du an einem normalen Tag an der

Mauer in Malibu stehst, siehst du so etwas die ganze Zeit, von morgens bis abends. Die lange erprobten Regeln des Surfens werden hier mit Füßen getreten. Es tut weh, sich das ansehen zu müssen, und es tut noch mehr weh, wenn man Teil dieses Getümmels ist. Das heißt nicht einmal, dass die Surfer in Malibu sich nicht an die Regeln halten würden. Es scheint eher, dass sie nicht mal wissen, dass es welche gibt.

Leider ist das hier nichts Neues. Malibu war in den 1960er-Jahren einer der ersten Surfspots, die immer populärer wurden. Der Surffilm *Gidget* machte das Surfen 1959 schlagartig bekannt, besonders in Malibu. So wurde First Point einer der ersten Surfspots, der schnell überfüllt war. Surfer aus Malibu, die schon damals dabei waren, meinen sogar, dass es zu der Zeit noch voller war als heute. Und diese fatale Mischung aus Anfängern und erfahrenen Surfern war damals noch gefährlicher. Die Bretter waren größer und schwerer, und kein Mensch trug eine Leash.

Die Erfindung der Surfleash in den 1970er-Jahren machte das Surfen auf der einen Seite sicherer, auf der anderen Seite aber auch gefährlicher. Nun gingen auch die Ängstlicheren aufs Wasser, die vorher nicht ihren Brettern hinterherschwimmen konnten und wollten. Es wurde noch voller. Schlechte Surfer, die früher ihr Board einfach verloren hätten, waren ja jetzt damit verbunden. Und alle lagen jetzt im Lineup herum.

Einige Leute meinen, dass erst die Surfleashes das Phänomen des »Localism« hervorbrachten. Matt Warshaw definiert das in seiner *Encyclopedia of Surfing* (Enzyklopädie des Surfens) so: »Eine territoriale Machtdemonstration, bei der einheimische Surfer in einem bestimmten Gebiet versuchen, auswärtige Surfer durch Einschüchterungen, Drohungen und mitunter sogar Gewalt zu vertreiben. Eine vorhersehbare, manchmal sogar verständliche Antwort auf den Run auf die Surfspots.«

Haie

Viele Anfänger fürchten sich vor Haien. Aber die erfahrene Surflehrerin Carla Rowland beruhigt: »Vielleicht siehst du mal einen kleinen Sandhai vorbeischwimmen – der hat garantiert mehr Angst vor dir als du vor ihm. Mach dir lieber Sorgen über die anderen Surfer um dich herum.«

Achte auf andere Surfer

Man sollte immer an die Sicherheit denken, wenn man aufs Wasser geht. »Meine Hauptsorge gilt immer der Sicherheit meiner Surfschüler. Es drohen diverse Gefahren vom Meer, von anderen Surfern, aber auch vom Schüler selbst. Surfen ist nicht ungefährlich. Die Leute fahren ja auch kein Auto ohne Führerschein. Also sollten sie auch nicht auf ein Surfbrett steigen, wenn sie noch gar nicht damit umgehen können. Doch so sehr ich auch bemüht bin, meine Schüler zu schützen: Sie begeben sich immer noch in die Hand des Ozeans, und der tut manchmal, was er will. Gerade wenn du denkst, dass du alles unter Kontrolle hast, wirst du oft böse überrascht. Und das kann ein traumatisches Erlebnis sein, zum Beispiel wenn du unter Wasser durch die Gegend geschleudert wirst«, warnt Carla Rowland.

Schlechtes Verhalten auf dem Wasser. Der Surfer rechts hat eigentlich Vorfahrt. Der andere Surfer ist reingedroppt und nimmt ihm so die Welle weg.

In den späten 1960ern und bis in die 1980er-Jahre hatten sich an den meisten Spots in Kalifornien und Australien lokale Gruppen etabliert, die oft mit aller Macht und Gewalt versuchten, die Kontrolle zu übernehmen. In den 1980ern sang die Punkband »The Surf Punks« aus Malibu in Songs wie *Somebody ripped my stick* oder *Locals only* über Localism. Ihr Song *My beach* fasst diese aggressive Einstellung der Revierverteidigung sehr gut zusammen:

Mein Strand
Meine Mädels
Meine Wellen
Geh nach Hause!

Das Meer ist einer der letzten fast gesetzlosen Orte auf der Welt. Doch seit den 1980er-Jahren bis ins 21. Jahrhundert nahmen Gewalt und Randale unter den Surfern immer aggressivere Formen an. Die Gerichte wurden auf diese Gewaltauswüchse aufmerksam und verhängten härtere Strafen. Für einen Vorfall in Ventura/Kalifornien wurde im Sommer 2000 sogar eine Gefängnisstrafe von neun Monaten ausgesprochen.

In Kalifornien werden Gewalttaten heute schwer geahndet. Deswegen hörst du in Malibu auf dem Wasser häufig Geschimpfe und Gegröle, siehst aber nicht mehr so viel körperliche Gewalt. Wenn du jemanden schlägst, findest du dich schnell für einige Monate im Knast wieder oder musst jahrelang durch Gerichtsverhandlungen ziehen. Das ist es einfach nicht wert.

In den ersten Jahren nach der Jahrtausendwende versuchte eine Vereinigung von surfenden Anwälten in Malibu, Regeln im Lineup einzuführen. Sie stellten ein Schild am Fußweg auf, direkt an der Treppe, die zum Parkplatz führt. Das Schild war inspiriert vom ehemaligen Weltmeister Nat Young, der im März 2000 am australischen Surfspot Angourie Opfer einer brutalen Localattacke geworden war. Dieser Vorfall veranlasste Young das Buch *Surf Rage* über volle Surfspots, Localism und Verhaltensregeln zu verfassen.

Das war zwar eine wohlbedachte Aktion der Anwaltsvereinigung und des Malibu Surf Clubs, aber leider hatten die Anwälte tatsächlich vergessen, eine Genehmigung einzuholen. Das Schild wurde von der Stadt direkt wieder entfernt, was wirklich eine Schande ist. Das Schild mit den Regeln hätte wahrscheinlich keinerlei Auswirkungen auf das gehabt, was passiert, wenn die Wellen in Malibu auch nur höher als 60 Zentimeter sind. Aber es war zumindest eine gute Idee. Es spiegelte alle Grundlagen guter Verhaltensregeln wider, die nicht nur in Malibu, sondern überall dort gelten sollten, wo gesurft wird.

Respektiere die anderen, um respektiert zu werden

Für Anfänger ist es durchaus sinnvoll, sich Wellen zu suchen, die vielleicht nicht ganz so gut sind, wo aber weniger oder gar nichts los ist. Surfen lernen ist sowieso schon schwer genug. Du musst lernen, ganz andere Muskeln einzusetzen. Du musst den Umgang mit deinem Material lernen. Du musst das Meer kennenlernen und deine Ängste in den Griff bekommen.

Diese Schwierigkeiten werden durch die Nähe anderer Surfer noch verstärkt, einerlei ob es Anfänger oder Fortgeschrittene sind. An vielen Surfspots sieht man die Anfänger wie verschreckte kleine Enten herumpaddeln. Mit Angst auf dem Gesicht vor dem Ansturm der Masse anderer Surfer. Entweder liegen sie anderen Surfern im Weg und verursachen Unfälle, oder sie haben Angst, anderen Surfern auf die Nerven zu gehen, und liegen weit außerhalb der Surfzone auf halbem Weg zum Strand, wo sie sich höchstens eine Lungenentzündung holen.

Im Optimalfall lernen Anfänger das Paddeln und die ersten Schritte an einem Platz, an dem die Wellen nicht ganz so perfekt sind. Wenn du als Anfänger aber da rauspaddeln musst, wo schon andere Surfer liegen, solltest du einige Grundregeln beachten: Geh anderen Surfern aus dem Weg. Paddel ihnen nicht genau vor die Nase, um eine Welle zu bekommen. Versuche, dich aus der Brandungszone fernzuhalten, wenn andere Surfer gerade die Wellen reiten.

Es ist eine weitverbreitete Unart, dass bessere Surfer direkt auf einen Anfänger zuschießen, der dann wie ein verschrecktes Reh erstarrt sitzen bleibt. Sie haben natürlich weder sich selbst noch ihr Board geschweige denn die Situation unter Kontrolle. Meistens werden sie also das Falsche tun. Sie werfen zum Beispiel ihr Surfbrett zur Seite oder kommen anderen Surfern in die Quere und sorgen für Unruhe.

Respektiere die anderen Surfer, indem du ihnen nicht zu nahe kommst. Am besten machst du das, indem du dir zunächst einen Spot suchst, an dem so wenig andere Surfer wie möglich sind. Mach dich erst einmal allein mit den Grundsätzen des Surfens vertraut. Dann kannst du dich Schritt für Schritt auch in vollere Lineups wagen.

Vorfahrtsregeln

Bei jeder Welle paddelt immer ein Surfer zum nächsten brechenden Teil der Welle. Diese Surfer hat Vorfahrt! Das ist eigentlich eine ganz simple Regel, die aber ständig gebrochen wird. Vorfahrt hat also der Surfer, der am nächsten zum brechenden Teil positioniert ist. Das wird aber zum Problem, wenn zwei Surfer, die in etwa gleich gut sind, versuchen, sich in diese Vorfahrtsposition zu bringen, wenn eine Welle anrollt. Man sieht das oft in Surfwettbewerben, aber auch an vollen Spots, an denen zumindest die Grundregeln noch gelten. Das führt dann zu wahren Paddelkämpfen. Die Surfer versuchen, sich permanent einen Vorteil zu verschaffen. Sie versuchen, immer tiefer zu sitzen, das bedeutet näher an dem Bereich, an dem die Welle zuerst brechen wird.

Dennoch, wenn jedermann diese einfache Surfregel beachten würde, nämlich immer dem die Vorfahrt zu gewähren, der näher zum brechenden Teil der Welle liegt, dann wäre alles gut. Aber bei den Massen an Surfern überall auf der Welt gewinnen die eigenen Bedürfnisse schnell gegen solch ehrwürdigen Gesetze die Oberhand. Die Leute sind schnell frustriert und gelangweilt. Auf die Regel achtet niemand. Die Gewalt hält Einzug auf dem Wasser.

Reindroppen oder Wellen stehlen: Das absolute Tabu

Wellen klauen und reindroppen sind die beiden Seiten derselben hässlichen Medaille. Es sind zwei Manöver, die die aggressiven Wege beschreiben, mit denen Surfer das erste Gesetz brechen: immer nur ein Surfer pro Welle.

Wenn ein Surfer sich eine Welle klaut, bringt er sich durch taktisches Paddeln in die Vorfahrtsposition, bei der er näher am brechenden Teil der Welle sitzt. Normalerweise sitzen die Surfer da, wo sie wissen, dass die Wellen brechen werden, beziehungsweise dort, wo sie für sich selbst die beste Möglichkeit sehen, eine Welle zu bekommen. Die besseren Surfer sitzen meistens tiefer, das heißt näher an dem Bereich, an dem die Welle zuerst bricht. Sie haben die Fähigkeiten und vor allem die Paddelkraft, die Welle schon in diesem schwierigen Bereich zu bekommen. Meistens entscheidet das Können schon darüber, wer sich besser positionieren kann und die Welle bekommt. Aber wenn die Wellen richtig gut brechen und es voll ist, verliert das schnell seine Gültigkeit, und jeder paddelt um jeden herum, um die beste Position zu bekommen.

Mach das nicht! Dieses Herumpaddeln führt zu Spannungen und zu Unruhe auf dem Wasser. Es ruiniert das gute Gefühl, dass ja eigentlich jeder da draußen haben möchte. Reindroppen ist noch schlimmer. Es bedeutet, dass bereits jemand auf der Welle surft und dann einfach ein anderer Surfer in dieselbe Welle hineinpaddelt und anfängt, sie noch vor dem zu surfen, der eigentlich schon dort ist und Vorfahrt hat.

Leider sieht man das Reindroppen sehr oft. An Spots wie Malibu kommen die Wellen nicht sehr regelmäßig. Das heißt, dass es teilweise sogar mal eine Stunde Pause zwischen den Sets geben kann. Manchmal sind dann nur drei bis sechs Wellen in einem Set. Manchmal ist es sogar nur eine. Bei solchen unregelmäßigen Swells sammeln sich die Surfer natürlich immer wieder an einem Punkt und warten dann ungeduldig aufs nächste Set. Wenn das schließlich kommt, haben Surfer, die fast eine Stunde gewartet haben, leider sämtliche Regeln schnell vergessen. Das Ergebnis ist, dass der beste Surfer die Welle ganz tief nimmt und dann ein, zwei, drei oder vielleicht sogar sieben andere reindroppen. Und auch auf einer relativ langsamen Welle wie Malibu führt das schnell zu jeder Menge Geschimpfe und dem ein oder anderen Handgemenge.

Paddel im weiten Bogen raus

Wer an einem Spot rauspaddelt, ist dafür verantwortlich, dass er andere Surfer nicht stört, während sie gerade hineinreiten. Der Surfer, der eine Welle reitet, hat immer Vorfahrt. Surfer, die rauspaddeln, müssen sich sowohl vom brechenden Teil der Welle als auch von dem Surfer auf ihr fernhalten.

Am einfachsten vermeidest du hier einen Konflikt, indem du im weiten Bogen raus ins Lineup paddelst. Erfahrene Surfer werden eine geradere Linie paddeln. Sie hoffen darauf, dass ein Surfer eine Welle vielleicht doch nicht nimmt oder stürzt und sie dann schnell aufsteigen

Surfers Lexikon

Wenn ein Surfer einem anderen die **Welle stiehlt**, paddelt er um den anderen herum und bringt sich damit in eine bessere Position.

Wenn ein Surfer einem anderen **reindroppt**, dann geht er in die Welle, obwohl ein anderer Surfer diese Welle bereits reitet.

Ein Anfänger paddelt besser im weiten Bogen an den brechenden Wellen und anderen Surfern vorbei ins Lineup.

können. Wenn du besser wirst und genau weißt, was du tust, kannst du auch so hinauspaddeln. Aber als Anfänger solltest du den anderen Surfern eher aus dem Weg gehen. Das ist gut für die Sicherheit und deine Gesundheit, aber leider nicht der beste Weg, um Wellen zu bekommen. In Malibu brechen gerade an größeren Tagen auch kleinere Wellen weiter innen. Die sind perfekt für Anfänger. Aber nur wenige Anfänger haben den Mut, sich so weit reinzusetzen und diese Wellen zu nehmen. Jeder Surfer, der weiter hinter ihnen sitzt, schießt nämlich auf den Wellen, die schon draußen brechen, an ihnen vorbei. Außerdem muss man dort ständig unter dem auslaufenden Weißwasser der größeren Wellen durchtauchen.

Wenn es drinnen nicht klappt, probier es im Weißwasser

Weiter drinnen zu sitzen ist eine gute Taktik, wenn du schon etwas besser bist. Du solltest mit dem Weißwasser der größeren Wellen umgehen können und schon wissen, wie die Wellen brechen und was andere Surfer auf der Welle machen.

Für die Anfänger zählt eher: Paddel immer im weiten Bogen hinaus. Visiere den Surfer an, der am weitesten entfernt vom Point sitzt. Wenn du dich daran hältst, wirst du den erfahrenen Surfern nicht im Weg herumpaddeln. Wenn du dich nicht daran hältst, endest du schnell in der Brandungszone und bekommst die großen Wellen auf den Kopf. Oder du kommst den anderen Surfern in die Quere und verursachst Zusammenstöße, verletzt dich, beschädigst dein oder ein fremdes Board oder verlierst dein Brett sogar ganz.

Kommuniziere mit den anderen

Manchmal ist es ja auch schön, wenn andere Surfer da sind. Besonders, wenn du ein hübsches Mädchen im Bikini bist und man dir sogar noch zujubelt, wenn du jemandem vor der Nase rumpaddelst. Manchmal hört sich ein »Rein« aber auch wie »Nein« an und heißt, dass du nicht in die Welle paddeln sollst. Hör also immer genau hin.

Surfers Lexikon

Als **Weißwasser** bezeichnet man das schäumende, weiße Wasser in einer brechenden Welle.

Wenn du deinen Takeoff machst und vor dir Surfer versuchen, in deine Welle zu paddeln, solltest du lautstark auf dich aufmerksam machen, damit sie wissen, dass du kommst. Sie konzentrieren sich ja schließlich vollkommen darauf, die Welle zu bekommen, und pöbeln vielleicht gerade die Surfer neben sich an.

Also ruf etwas wie »Hey!« oder »Hinter dir!« oder »Aus dem Weg!« und schau, ob sie sich daran halten. Die meisten ziehen zurück, wenn man laut ruft. Aber es gibt leider auch viele, die dir direkt in die Augen schauen und dann frech weiterpaddeln.

Auf Wellen, die einen Peak haben, der nach rechts und links bricht, sprechen sich Surfer manchmal ab und teilen sich die Welle. Einer surft nach rechts, der andere nach links. Oft kommunizieren sie dann über ihre Absichten: »Ich geh nach rechts!« »Ich geh nach links!« Es ist super, wenn das so läuft. Aber wenn die Spannung in einem Lineup groß ist, wird meistens gar nicht mehr kommuniziert. Dann passieren die Unfälle.

Überschätze dich nicht

Genauso wie jeder Anfänger immer wieder in den Surfshop läuft und sich das heißeste, aber für ihn absolut ungeeignete Brett im Laden aussucht, will er natürlich auch gleich an den Spots surfen, die er von Videos und aus Magazinen kennt. Das ist in Malibu genauso wie in Pipeline, am Ningaloo-Riff in Australien oder auch in Guéthary in Frankreich.

Aber während ein teures, ungeeignetes Brett eher das Ego und den Geldbeutel belastet, kann der Versuch, eine Welle zu surfen, die nicht den eigenen Fähigkeiten entspricht, ein gefährliches Abenteuer sein.

Das ist besonders an Spots wie Malibu ein großes Problem, weil ihn viele Menschen schnell erreichen können. Und man kann dort auch an großen Tagen recht leicht rauspaddeln. Malibu ist ein Pointbreak, der auch an großen Tagen nicht immer sehr konstant läuft und in Setpausen schön flach aussieht – eine Einladung für Anfänger! Sie können auf der Pier bequem entlangwandern und paddeln dann einfach direkt zwischen First Point und Second Point raus. Oder sie warten eine Setpause ab und paddeln vom Strand aus los. Dieser Mix aus absoluten Anfängern, durchschnittlichen Surfern und erfahrenen Surfern macht Malibu so gefährlich und führt bei Anfängern oft zu frustrierenden Erlebnissen. Eigentlich ist Malibu ein super Spot, um anzufangen. Es ist eben nur viel zu voll! Rund um Malibu gibt es daher Plätze, die besser zum Lernen geeignet sind: Sunset ist zum Beispiel eine eher durchschnittliche Welle am Ende des Sunset Boulevard. Für bessere Surfer ist der Spot uninteressant. Für Anfänger ist es da genau richtig. Eine lange, langsame Welle.

Direkt über Malibu unterhalb der Inside von Third Point gibt es noch eine kleine Bucht, wo Weißwasser und kleinere Wellen brechen. Der Meeresgrund ist hier zwar steinig, aber es ist dennoch gut für Anfänger. Die besseren Surfer bleiben draußen und surfen nie so weit rein. Zuma Beach ist ebenfalls geeignet. Ein weiter, flacher Strand, der genug Platz für alle bietet. Solche Plätze sollten Anfänger suchen, um die perfekten Bedingungen zu finden und sich nicht von den geübten Surfern frustrieren zu lassen.

Paddelpower

In einem vollen Lineup wird jede deiner Bewegungen wie von einer Meute Wölfe beobachtet: Wenn du zögerst, Schwäche zeigst oder eine Welle anpaddelst und dann doch zurückziehst, wirst du schnell ignoriert und jedermann wird dir reindroppen. Wer eine Welle kriegen will, muss das zu 100 Prozent wollen. Das zählt für einen guten Surfer an einem großen Tag genauso wie für einen Anfänger. Paddel mit aller Kraft. Glaube an dich. Zurückhaltung hat im Ozean nichts zu suchen.

Lass dein Surfbrett nicht in der Gegend rumfliegen: Es ist eine Gefahr für jeden

Einer der Vorbehalte, die Surfer in den 1970er-Jahren gegen Leashes hatten, war der Vorwurf, dass viele die Leash quasi als Krücke nutzten und kaum noch Erfahrung oder Können aufweisen mussten. Vor den Leashes musste ein Surfer Stürze möglichst vermeiden. Die bedeuteten nämlich immer den Verlust des Bretts, langes Schwimmen und die Möglichkeit, dass das Brett beschädigt wurde oder gleich ganz verschollen blieb. Surfer mussten sich fest an ihr Board klammern, wenn sie nach einem Sturz von einer Welle durchgespült wurden.

Mit der sicheren Leash am Bein können sich Surfer jetzt ganz anders verhalten, wenn eine Welle vor ihnen bricht. Sie können das Brett einfach loslassen, abtauchen und sich damit außer Gefahr bringen, während andere ein echtes Problem bekommen. Das sieht man an jedem vollen Spot viel zu oft: Unerfahrene Surfer bekommen Panik, lassen ihr Brett los und tauchen einfach unter.

Das ist für dich und vor allem für die Surfer um dich herum keine besonders gute Idee. Gewöhne es dir gar nicht erst an. Wenn dich eine brechende Welle mitreißt, klammer dich an dein Brett und halte es aus. Lass dir die Welle auf den Kopf fallen und tu alles, um dein Brett nicht loslassen zu müssen. Du kannst versuchen zu duckdiven oder dich auf den Rücken zu drehen. Oder du bockst das Board auf und paddelst durch die brechende Welle. Natürlich ist es leichter, das Brett einfach loszulassen und abzutauchen. Aber damit bringst du jeden um dich herum und nicht zuletzt dich selbst in Gefahr. Das umherfliegende Brett kann dich und jeden anderen verletzten. Auch kann die Leash reißen, und dann musst du schwimmen. Halte also dein Brett immer fest!

8

Das Spiel mit den Wellen

Überfüllte Spots, auflandiger Wind, Seeigel, Sonnenbrand, aufgescheuerte Haut, gefährliche Strömungen, Angst vorm Ertrinken, die Möglichkeit, auf eine Seegurke zu treten, die Sorge, sich zu blamieren – es gibt unzählige Hindernisse zu überwinden, wenn man surfen lernen will. Einige dieser Hindernisse sind real, andere sind mental. Das größte Hindernis jedoch ist und bleibt die Zeit. Es dauert einfach lange, bis

Die Wellen zu beherrschen ist eine Frage der Zeit und des optimalen Zeitpunkts. Man muss sehr viel üben und sich außerdem in der Welt des Ozeans auskennen (links).
Surfen ist mehr als ein Sport. Es ist ein Lebensgefühl – und zwar ein wirklich starkes (rechts).

man gut surfen kann. Ein Surflehrer kann dir vielleicht garantieren, dass du auf dem Brett stehen und deine erste Welle kriegen wirst. Aber sobald der Lehrer dich allein lässt und du die Geheimnisse des Ozeans für dich selbst erforschen musst, geht die Lernkurve steil nach unten. Du wirst mit deinen eigenen Schwächen und dem Mangel an Kraft konfrontiert. Es dauert lange, bis man ein wirklich guter Surfer wird. Richtig lange!

Der Schlüssel ist: Dranbleiben

Das Meer verhält sich leider nicht immer kooperativ, und das Warten auf die idealen Bedingungen kann auch schon mal ganz schön lange dauern. Die Gezeiten, der Wind, der Swell, die Sandbänke, alles muss zusammenpassen, damit die optimalen Bedingungen zum Einstieg herrschen: kleine, sanft brechende Wellen und wenig Wind.

Die Verhältnisse ändern sich aber von Stunde zu Stunde, von morgens bis nachmittags, von Tag zu Tag und von Saison zu Saison. Selbst wenn jemand gar nichts anderes zu tun hat und an einem perfekten Spot wohnt, kann er meist nur für ein paar Stunden am Tag surfen.

Surfen kann man nur richtig lernen, wenn man stundenlang auf dem Wasser ist. Du musst den Ozean und seine verschiedenen Facetten erst einmal kennenlernen. Du musst kilometerweit paddeln, um die nötigen Muskeln im Rücken, in den Schultern und in den Armen auszubilden. Du musst lernen, wie man sich in Position bringt, wie man eine Welle anpaddelt, wie man aufsteht und schließlich, wie man sie surft.

Der Schlüssel des Erfolges ist also: Bleib am Ball. Viele Surfer behaupten, dass Surfen viel mehr als nur ein Sport ist. Es ist ein Lebensgefühl. Eine Obsession. Und sie haben recht. Insbesondere am Anfang. Man muss dem Surfen schon ein bisschen verfallen sein und einen starken Willen haben, um all die Hindernisse an Land und auf dem Wasser zu überwinden. Surfen lernen ist anfangs nicht einfach. Es ist oft kalt, beängstigend, frustrierend und befremdlich. Selbst wenn du zu Beginn ein Softboard an einem Sandstrand in entspannten Wellen reitest, wirst du jede Menge Beulen und blaue Flecken bekommen und Muskelkater in Muskeln, die du bisher noch gar nicht kanntest. Wellen können respekteinflößend und der Ozean kann abschreckend sein. Unsichtbare, stachelige Tiere unter Wasser können dich in Panik versetzen. Und die anderen Surfer, die um dich herumwirbeln und sich gegenseitig die Wellen abjagen, sind besonders schlimm.

Aber bleib trotzdem dabei. Investiere diese Zeit. Zahl dein Lehrgeld.

Das Meer wird dich quälen wie eine Studentenverbindung seine Aufnahmekandidaten. Es wird dich herumwirbeln und versuchen, dich zu ertränken. Aber das gehört alles zur Initiation. Einige Anfänger versuchen es genau einmal, stellen dann fest, dass es wesentlich schwerer ist, als es aussieht, und geben sofort auf.

Aber diejenigen, die dabeibleiben und sich durchbeißen, werden später belohnt: Sonnenaufgänge und Sonnenuntergänge, Delfine, die

Bleib dabei

Der Schlüssel zum Surfen ist, immer dranzubleiben. Wenn du ein guter Surfer wirst, wird die Zeit auf dem Brett dein Leben bestimmen.

unter deinem Brett hindurchtauchen, einmalige Naturerlebnisse. Aber die beste Erfahrung ist es, die Wellen zu beherrschen, vor denen man am Anfang so viel Respekt hatte, von denen man dachte, dass man sie niemals bezwingen würde.

Bleib dabei, und du wirst es schaffen. Aber es ist nicht leicht. Und es braucht seine Zeit.

»Total Involvement«: Longboards, Shortboards oder beides?

Es gibt schon eine unglaubliche Menge verschiedenster Surfbrett-Shapes, -Größen, -Designs und -Materialien. Anfänger müssen sich über all die Variationen von Longboards, Shortboards, Fishen, Thrustern, Twins, Epoxy, Balsa oder Carbon eigentlich noch keine Gedanken machen. Aber wenn du mit deinem Surfen vorankommst, wird sich dir diese Welt schnell eröffnen.

Der Profisurfer Keegan Edwards zeigt radikales Shortboardsurfen, allerdings auf einem Longboard. Es gab Zeiten, da standen sich Shortboard- und Longboardsurfen eher ablehnend gegenüber. Aber inzwischen haben sich die beiden Surfarten – auch aufgrund der immer leichteren und besseren Bretter – vermischt. Viele Longboarder reiten ihre Boards heute fast wie Shortboards. Hier sehen wir Edwards beim jährlichen Longboard Contest in Waikiki im Jahre 2009.

Moderne Surfbretter schneiden die Welle wie Präzisionsinstrumente. Dieser Surfer reitet hoch bis zur Wellenlippe und macht dann einen kraftvollen Turn, um Geschwindigkeit für seine nächsten Manöver aufzunehmen.

Für viele Surfer wird ein schönes Longboard niemals aus der Mode kommen.

Surfbrettvielfalt

Lerne erst einmal auf einem Longboard, und probiere dann möglichst viele andere Shapes aus. Das ist eines der großen Erlebnisse beim Surfen. Jedes Brett bringt neue Erfahrungen.

Eine der ersten Entscheidungen, die du dann treffen musst, heißt: Longboard oder Shortboard? Die große Kluft zwischen Longboards und Shortboards geht zurück auf die Weltmeisterschaft von 1967 am Ocean Beach in San Diego. Der australische Surfer Nat Young surfte auf einem merkwürdigen abgeschnittenen Board, das er »Total Involvement« getauft hatte. Er stand fast auf dem Heck, machte Cutbacks und radikale Turns an der Wellenlippe. Daneben surfte der Hawaiianer David Nuuhiwa ein traditionelles Longboard. Er ging dabei so weit wie möglich auf die Nose des Boards und zeigte den traditionellen Noseridestyle. Nat Young gewann die Weltmeisterschaft, und seither gibt es diesen tiefgreifenden Unterschied zwischen Vertretern des Longboardings und des Shortboardings. Bis Ende des 20. Jahrhunderts hielten die Longboarder Shortboarder für arrogante Punks ohne Style. Shortboarder hielten Longboarder dagegen für unfähig, da sie ja diese dicken Planken brauchten, um überhaupt surfen zu können. Die beiden Lager kamen nicht miteinander klar.

In den 1990ern kamen dann Surfer wie Jay Moriarity und Joel Tudor und surften ihre Longboards so, dass sie erneut hoffähig wurden. Longboarding galt wieder als cool.

Heutzutage fangen die meisten Surfer auf Longboards an und wechseln, sobald sie besser werden, auf kürzere Bretter. Irgendwann wird jeder Surfer vor die Entscheidung gestellt: Soll ich auf kurz oder lang gehen? Die Antwort ist, dass man auf beidem Spaß haben kann. Probiere einfach beides aus.

Ein Vorteil im modernen Surfsport ist die enorme Vielfalt an verschiedenen Boardtypen. Es gibt wirklich alles, vom radikalen Shortboard bis zum carbongeshapten Longboard und hunderte von Variationen dazwischen. Lerne also erst einmal auf einem Longboard, steige dann auf ein Shortboard um und reite schließlich einfach alles, was ein Surfbrett ist.

Nutze beim Rauspaddeln nicht nur deine Muskeln, sondern auch deinen Kopf

Ocean Beach in Kalifornien liegt am Rand einer wilden kalifornischen Großstadt. Hier geht es niemals ruhig zu, denn die Elemente wüten meistens extrem an diesem sechs Kilometer langen Sandstrand zwischen Golden Gate und Fleishhacker's Pool.

Die Golden Gate ist einer der Faktoren, die Ocean Beach zu einem der härtesten Surfspots der Welt machen. Die Wellen sind hier nicht leichter oder schwerer als anderswo. Auch wenn Ocean Beach an großen Tagen, wenn der ablandige Wind vom Sutro Tower herunterweht, eine heftige Welle hat: richtig groß und ein wunderschöner A-frame Peak, der aber schwer anzupaddeln ist.

Aber es ist einfach verdammt schwer, in Ocean Beach überhaupt rauszukommen. Die hohen Gezeitenunterschiede in der Nähe der Golden Gate in Kombination mit den endlos langen Lines des Nordpazifikswells, der aus Russland anrollt, sorgen für eine fast 180 Meter breite Brandungszone zwischen Strand und Lineup. Um

Paddelkraft

Das Rauspaddeln an einem Surfspot verlangt Muskelkraft, gute Paddeltechnik und die richtigen Techniken, um durch die Wellen zu kommen. Man kann durch die Welle durchpaddeln, es mit der Schildkrötentechnik probieren oder duckdiven. Außerdem sollte man sich mit den Verhältnissen im Meer auskennen, um zum Beispiel Strömungen, Löcher im Riff, Sandbänke oder das Timing der Sets zu erkennen.

da an einem großen oder auch nur mittelgroßen Tag eine Welle zu bekommen, muss ein Surfer sich durch eine 90 Meter breite Todeszone aus explodierenden Wellen, harter Strömung und schier endlosen, undurchdringlichen Massen von Weißwasser arbeiten. Das drückt alles mit Gewalt in Richtung Strand.

Um in Ocean Beach an einem großen Tag rauszukommen, braucht man sowohl Muskeln als auch Köpfchen. Wenn ein Surfer hier rausgehen will, beobachtet er erst einmal eine Zeit lang den Spot von der Sanddüne aus. Dabei sieht er dann meist ein paar arme Typen, die schon seit einer Stunde versuchen rauszukommen und immer wieder zurück an den Strand geworfen werden. Vom Land aus kann er mögliche Channels und Schlupflöcher in der Brandungszone ausfindig machen und sich einen Überblick über Strömungen und Gegenströmungen verschaffen. Bevor man in Ocean Beach rauspaddelt, sollte man eine Strategie haben. Man muss sich den Einstiegspunkt genau überlegen, checken, wie man die Strömungen nutzen kann, und dann die Swellpausen abwarten, um einzusteigen.

Ocean Beach ist also bekannt für extremes Paddeln. Der Spot ist der ultimative Test für die Kraft und den Verstand eines Surfers. Nur ganz erfahrene Surfer schaffen es nach draußen, um eine dieser wunderschönen Offshore-Perlen zu nehmen, die so nah und doch so unerreichbar sein können.

Das Rauspaddeln wird immer wichtiger, je besser ein Surfer wird. Schließlich werden die Wellen, die er surfen will, immer höher und schwieriger. Viele Anfängerspots eignen sich am Anfang vor allem deshalb so gut, weil man sehr leicht rauspaddeln kann. Es sind weite Sandstrände mit viel Platz. Dort können die Surfschüler sich langsam an den Punkt herantasten, an dem die Wellen brechen.

Beim Rauspaddeln braucht man nicht nur Technik und Muskelkraft. Man muss auch wissen, wie man über eine Welle hinüberkommt, einen Duckdive macht und das Weißwasser überwindet. Außerdem braucht man ein bisschen Erfahrung. Man muss Channels, Strömungen und mögliche Löcher im Riff oder der Sandbank erkennen. Das richtige Timing, wann man lospaddelt, muss geübt werden. Und man muss Wege kennen, wie man kraftsparend brechende Wellen überwindet und nach draußen kommt.

Mit immer mehr Praxis und Erfahrung lernt man das alles. Wenn Surfer von Anfängern zu Aufsteigern werden, werden sie erst versuchen, mit der Schildkrötentechnik über Wellen hinwegzukommen. Dabei drehen sie sich auf den Rücken und halten das Brett über sich, wenn die Welle kommt. Bei den ersten Versuchen wird die Welle ihnen das Brett garantiert aus den Händen reißen. Sie werden auch versuchen, noch schnell über Wellen zu paddeln, bevor diese brechen, und dabei gnadenlos weggerissen werden. Sie werden unter Wasser gedrückt und umhergewirbelt werden und denken, dass sie ertrinken. Aber das gehört alles zum Lernprozess dazu. Die absolute Königsdisziplin ist dann das Rauspaddeln an Spots wie Ocean Beach.

Surfers Lexikon

Out the back ist eine Wendung, die australische Surfer etabliert haben. Man paddelt raus hinter das eigentliche Lineup, an dem die Wellen brechen. Hier ist das Meer ruhiger, und man kann sich orientieren, um anschließend von draußen in die Wellen zu paddeln.

Richtig duckdiven ist eine Kunst. Die Technik ist schwierig, sieht aber sehr schön aus. Dieser Surfer befördert sich selbst mitsamt seinem Brett an einem Riff auf den Malediven unter der Welle hindurch und lässt die brechende Welle hinter sich.

Duckdive

Das Duckdiven ist eigentlich eine Technik für Fortgeschrittene, die man aber ruhig schon früh üben sollte. Duckdiven ist nicht nur der beste Weg, einer brechenden Welle zu entgehen, sondern auch etwas fürs Auge und fühlt sich außerdem gut an. Du tauchst mit voller Körperstreckung praktisch genau ins Herz der Welle und nutzt ihre Energie, um auf der anderen Seite wieder aufzutauchen, während die Welle hinter dir einschlägt. Duckdiven lässt sich vergleichen mit einem Torerokampf mit der Welle und Unterwasserballett. Es geht dabei darum, sich der Gefahr möglichst graziös zu entziehen. Duckdiven ist der Königsweg, um eine Welle zu überwinden. Natürlich kann man auch liegend und kniend versuchen, durch eine anrollende Welle

Duckdive

Duckdiven bedeutet, beim Rauspaddeln mit dem Brett unter einer Welle durchzutauchen, um der Gefahr der brechenden Welle zu entgehen.

Profitipps zum Duckdive

Garrett McNamara über das Duckdiven um Leben und Tod

Garrett McNamara wohnt auf Hawaii und macht seit 1970 nichts anderes als surfen. Er hat schon die besten und größten Wellen der Welt geritten und ist natürlich auch schon von allen durchgewaschen worden. Er war überall, von Haleiwa bis Pipeline, von Jaws bis Maverick's. Er hat sogar Wellen in Alaska geritten, die durch abbröckelnde Gletscher entstanden sind.

Und Garrett hat schon die größten Wellen der Welt direkt auf den Kopf bekommen. Er hat jede Menge Erfahrung, wie man sich auf dem Meer in den gefährlichsten Situationen in Sicherheit bringt – Erfahrungen, die wir alle hoffentlich niemals machen müssen.

»Angefangen habe ich wie jeder andere auch. Wenn eine Welle kam, hab ich mich an mein Brett geklammert und wurde durch die Gegend geschleudert, oder ich versuchte mein Glück mit dieser Schildkrötentechnik. Das Duckdiven hat seinen Ursprung auf Hawaii. Wahrscheinlich, weil es bei so klarem Wasser besonders viel Spaß macht, und natürlich, weil schnell klar war, dass es die beste Methode ist, um unter den Wellen durchzukommen. Selbst an Spots wie Pipeline gibt es immer wieder welche, die gar keine Leash tragen. Wenn du da dein Brett behalten und viele Wellen erwischen willst, bleibt dir gar nichts anderes übrig als ein Duckdive. Auch in Pipeline kann man duckdiven, solange das Brett klein genug ist. In Pipeline kommen manchmal riesige Weißwasserberge auf dich zu, und da ist die Entscheidung, ob du einen Duckdive machst oder das Brett loslässt und einfach abtauchst, manchmal gar nicht so leicht. Wenn du ohne Brett abtauchst, ist es natürlich recht easy, und du schnappst dir danach einfach wieder dein Board. Wenn du einen Duckdive machst, und er geht schief, wirst du weit nach hinten geschleudert und schaffst es manchmal gar nicht mehr nach draußen. Aber schau dir die Jungs an, die es in Pipeline echt drauf haben, wie Kelly Slater, Bruce Irons oder Jamie O'Brien. Die surfen da ihre Welle, steigen aus und paddeln direkt wieder raus, egal was gerade auf sie zurollt, ob Tonnen von Weißwasser oder ein Monsterset. Sie schaffen es eigentlich immer nach draußen. Aber das sind eben die besten Surfer der Welt, und die können natürlich auch am besten duckdiven und paddeln. Manchmal hat man auch einfach Glück in Pipeline. Selbst wenn die Welle dann genau vor dir einschlägt, kommst du unter ihr durch und wirst auf der anderen Seite wieder ausgespuckt. Das hat was mit Glück, aber auch mit Können zu tun. Du musst wissen, wo der beste Platz zum Abtauchen ist. Ich denke, es sind 75 Prozent Glück kombiniert mit 25 Prozent Können. Vielleicht ist das Verhältnis sogar eher 80 zu 20.

Selbst in Teahupoo kann man duckdiven. Zwar nicht an den gigantischen Tagen, aber an normal großen Tagen geht es schon. Man muss es eben richtig machen. An den Megatagen in Teahupoo hast du allerdings keine Chance. Das Riff wird von den Wellen komplett trockengesaugt. Da kann man nirgendwo mehr hintauchen. Ein Waschtag an so einem Tag kann dir wirklich ernsthafte Probleme machen.

Big Waves über zwölf Meter lassen sich normalerweise gar nicht mehr duckdiven. Von all den kritischen Situationen, die ich schon erlebt habe, war die schlimmste in Jaws. Da musste ich unter so einer Megawelle durchtauchen. Ich will gar nicht darüber nachdenken, was mit mir passiert wäre, wenn das schiefgegangen wäre. Das war ein echt großer Tag in Peahi auf Maui oder Jaws, wie es die meisten

zu paddeln. Man kann sogar aufstehen und die Welle ganz cool durchrollen lassen. Einfach das Brett von sich werfen und unter der Welle durchtauchen ist eine weitere Methode, die man aber besser unterlässt – obwohl es unter Umständen einfach keinen anderen Weg gibt. Wenn die Welle in der Brandungszone sehr heftig bricht, eine Riesenmenge Weißwasser auf dich zurollt oder die Welle so groß ist, dass du panische Angst bekommst, ist es manchmal die einzige Chance, das Brett einfach den Elementen zu überlassen und so tief abzutauchen, wie man nur kann. Das macht man aber wirklich nur in Notfällen, weil das umherwirbelnde Board immer eine Gefahr für einen selbst und für andere Surfer ist.

Leute nennen. Einige Sets waren zwischen 18 und 21 Meter hoch. Ich war mit meinem Tow-in-Partner Ikaika Kalama draußen. Ich weiß nicht mehr, in welchem Jahr das war. Aber ich weiß noch, dass Shane Dorian an dem Tag eine riesige Linkswelle ritt, mit der er fast den berühmten XXL Award für die größte Welle gewonnen hätte. Die Wellen waren gewaltig, aber bei mir lief es irgendwie nicht. Ich hatte die falschen Fußschlaufen auf meinem Brett, und der Wind kam aus der falschen Richtung. Er wehte von der Seite, sodass einige Wellen direkt dicht machten. Andere hatten große Sections, die einfach wegbrachen. An einem großen Tag ist das besonders gefährlich. Man sollte dann auf keinen Fall reinfallen, denn ein Abgang könnte tödlich sein.

Towsurfen ist immer ein Fall für zwei. Dein Fahrer hat nicht nur den Jetski in seinen Händen, sondern auch dein Leben, denn er setzt dich in der Welle ab. An solchen Tagen kann das eine Entscheidung über Leben und Tod sein. Als wir rausfuhren sagte ich zu Ikaika: ›Zieh mich nicht zu tief rein. Lass uns lieber etwas auf Nummer sicher gehen.‹ Aber er zog mich leider richtig tief rein. Ich ritt das Ding soweit es ging, aber dann kam eine Section, die einfach umklappte und an der ich nicht vorbeikam. Also musste ich mich reinfallen lassen. Ich trug zwei Rettungswesten und war an dieses kleine Towbrett geschnallt, vielleicht 41 Zentimeter breit und zwei Zentimeter dick. Darauf kann man kaum paddeln, und ich konnte auch nicht tauchen, weil man durch die Rettungswesten oben schwimmt wie ein Korken. Ich wurde also kräftig durchgeschüttelt und musste dann mit ansehen, wie direkt dahinter die nächste noch größere Walze auf mich zuschoss. Ikaika konnte mich gar nicht sehen. Der dachte, ich wäre immer noch auf der Welle. Aber selbst wenn er mich da vorn in der Brandungszone gesehen hätte, hätte er in dem Moment wenig tun können. Ich hatte also echt Stress. Außerdem stand mein Sohn oben auf der Klippe und sah zu. Ich wusste, dass genau das auch dem Brasilianer Carlos Burle in Jaws passiert war. Er wurde von so einem Monster durchgewaschen, brach sich das Genick an und wäre fast gestorben. Ich paddelte also wie ein Wahnsinniger auf dem kleinen Brett und schaffte es gerade eben über die erste Welle. Aber dahinter kam eine noch größere. Ich bekam Panik. Ich hatte zwar schon viele gefährliche Situationen überstanden, aber hier war ich mir wirklich nicht sicher, ob ich es schaffen würde. Die Welle war einfach zu gewaltig, und sie war im Begriff, mich zu überrollen.

Ich paddelte weiter, und als das Biest anfing zu brechen, sprang ich vom Brett und begann zu tauchen. Ich spürte, wie sie sich immer steiler aufbaute. Ich war mir fast sicher, dass sie mich zurückschleudern würde. Aber ich gab nicht auf, schwamm immer weiter, und plötzlich spuckte sie mich auf der Rückseite aus. Ikaika kam sofort und nahm mich wieder auf. Für den Tag hatte ich echt genug. Ich surfte keine Welle mehr, obwohl es ein echt mächtiger Tag war. Genau das, worauf wir sonst immer warten. Aber ich warf das Handtuch. Ich ließ nur noch vollkommen erschöpft und kraftlos meinen Kopf hängen. Das tat ich zum ersten Mal nach einer Surfsession.

Und die Moral von dieser Geschichte: Wenn du in eine richtig schlimme Situation kommst, krieg keine Panik. Wunder geschehen immer wieder! Sogar so eine Monsterwelle kann man noch duckdiven, auch auf so einem Zahnstocher von Brett und mit zwei Rettungswesten. Du musst aber ruhig bleiben, damit das klappen kann.«

Duckdiven ist da schon der sehr viel bessere Weg. Wenn die Welle vor dir zu groß wird, um einfach hindurchzupaddeln oder die Schildkröte zu probieren, musst du es wohl oder übel mit dem Duckdive probieren. Du drückst dann einfach die Kanten fest nach unten und trittst gleichzeitig hinten aufs Heck.

Wenn du das Duckdiven richtig machst, ist es der beste Weg, einer Welle aus dem Weg zu gehen. Die entscheidenden Faktoren für einen erfolgreichen Duckdive sind Paddelgeschwindigkeit, die richtige Position und das Timing. Der eigentliche Bewegungsablauf besteht grob aus zwei Phasen: Man muss den Fluss und die Energie der anrollenden Welle nutzen, dann die Nose herunterdrücken, um abzutauchen, und

Duckdiven erinnert an eine Mischung aus Stierkampf und Unterwasserballett. Für bessere Surfer ist es sehr wichtig, um auch in großen Wellen rausgehen zu können.

schließlich mit Knie oder Fuß oder auch beidem auf das Heck drücken, um durch die Welle zu kommen.

Wenn man das richtig macht, drückt dich der Anfangsdruck auf die Nose deines Brettes in Kombination mit dem nach oben drängenden Wasser der Welle weiter nach unten. Es fühlt sich gut an so tief unter der Welle. Man tritt in eine Verbindung mit der Energie des Ozeans. Das Schöne am Duckdiven ist, all diese Kraft zu spüren und sie zu nutzen, um der Gefahr zu entrinnen.

Das richtige Timing ist alles, besonders wenn du den Duckdive einleitest. Du musst genau wissen, wann du die Nose unter Wasser drücken musst. Du musst ein Gefühl dafür entwickeln, wann du das Heck stark belasten musst, um tiefer abzutauchen, und wie du schließlich das getauchte Brett durch die Welle bekommst.

Man kann auch mit einem Longboard duckdiven. Aber das ist natürlich nicht einfach. Je größer und breiter ein Board ist, desto mehr Auftrieb hat es, und umso schwerer ist es, damit abzutauchen. In den meisten Wellen kann man duckdiven. Aber es gibt auch Ausnahmen.

Wenn es in Teahupoo auf Tahiti groß ist, kann man unmöglich duck-diven. Die Welle legt das Riff komplett trocken. Da ist kein Wasser mehr, in das man hinabtauchen könnte. Auch in Riesenwellen wie Maverick's oder Cortes Bank kann man kaum duckdiven. Dort ist einfach zu viel Wasser in der Welle. Nicht mal der stärkste Surfer kann sein Brett so weit untertauchen, um gegen diese Wassermengen anzukommen.

Am richtigen Platz, richtig ausgeführt, sieht ein Duckdive cool aus und bringt dich immer aus der Gefahrenzone. Wenn du ihn aber falsch machst, wird die Welle dich wegreißen. Vielleicht nimmst du dabei auch noch den ein oder anderen Surfer in deiner Nähe mit, die Leash kann reißen, du kannst dein Board verlieren, und du musst möglicherweise ganz schön weit schwimmen. Mach es also besser richtig!

Orientierung auf dem Wasser

Beim Surfen ist es sehr wichtig, sich an Land Orientierungspunkte zu suchen, damit man immer genau weiß, wo man sitzt. Das ist an jedem Spot wichtig, besonders aber an Big-Wave-Spots wie Maverick's. Die Strafe, wenn man in Maverick's bei einem einkommenden großen Set falsch sitzt, wird der größte Waschgang deines Lebens sein. Diese Bestrafung kann sich ein Normalsterblicher kaum vorstellen. Das können nicht mal die meisten Surfer. Die richtige Position ist also der Schlüssel dazu, mehr Wellen zu bekommen und Waschgänge zu vermeiden. Ein Surfer lernt das ganz von allein, weil er natürlich so viele Wellen wie möglich abbekommen möchte. Wenn die Anfänger ihre ersten Schritte gelernt haben, lernen sie auch die immer wiederkehrenden Wellenmuster und die Bewegungen auf dem Meer zu deuten. Irgendwann versteht ein Anfänger, dass die Wellen mehr oder weniger immer am selben Platz oder zumindest im selben Bereich brechen und dass er diese Position mithilfe von Markierungen auf dem Wasser und an Land gut halten kann.

Das setzt allerdings voraus, dass er die Wellenbewegung, die Strömungen und den Einfluss der Gezeiten einzuschätzen lernt. Er muss den genauen Punkt bestimmen, an dem die Wellen brechen, und seine eigene Position dazu in Relation setzen. Schauen wir uns als Beispiel wieder Malibu an. An einem typischen Tag brechen die Wellen draußen am First Point, und der Swell rollt vom Second Point her rein. Die Surfer sammeln sich und beobachten genau, was die Wellen machen. Manchmal kommt der Swell aus Westen, oder aber er schiebt direkt auf den Point. Dann ist die Takeoff-Zone etwas näher an der Pier.

Erfahrene Malibu-Surfer kennen ihr Lineup natürlich ganz genau. Die anderen orientieren sich an diversen Fixpunkten an Land. Das können Bäume, Zäune, Berge oder andere feste Objekte sein. Wenn die Surfer ihre erste Welle nehmen, checken sie genau, ob das der ideale Platz zum Takeoff war, und richten sich dann über ihre Fixpunkte wieder aus. Das Lineup verändert sich immer leicht, abhängig von der Kraft des Swells, dem Tidenstand oder den Windverhältnissen.

Die meisten Anfänger haben kaum genügend Kontrolle, um sich viele Gedanken über Lineups zu machen. Am Anfang sammeln sich die

Surfers Lexikon

Wenn ein Surfer an der völlig falschen Stelle sitzt und die Welle vor ihm bricht, riskiert er einen **Waschgang**. Um dem zu entgehen, kann er noch schnell über die Welle paddeln, oder er muss darunter durch. Manchmal klappt das. Manchmal wird er mitgerissen.

Surfschüler sowieso meistens fernab vom eigentlichen Lineup und weit weg vom tatsächlichen Peak. Sie paddeln erst einmal alles an, was sie irgendwie mitnehmen wird.

Aber sobald man besser wird, ist es wichtig, sich ins wirkliche Lineup zu wagen. Nur so bekommt man genug Wellen, um die nächsten Schritte machen zu können. Die richtige Position auf dem Wasser ist also immens wichtig, egal ob man in Snapper Rocks an der australischen Gold Coast oder irgendwann einmal in Maverick's rauspaddelt.

Die ersten Turns

Noch bis Mitte des 20. Jahrhunderts fuhren Surfer die Welle weitgehend geradlinig ab. Die Surfbretter waren noch groß und schwer. Bis in die 1930er-Jahre gab es noch nicht mal Finnen. Angesagt war der gerade gefahrene Style. In den späten 1930er-Jahren experimentierten hawaiianische Surfer erstmals mit Brettern, die ein sehr schmales Heck hatten, allerdings immer noch ohne Finnen. Mit diesen Brettern konnte man zum ersten Mal Turns fahren. An den Stränden von Waikiki wurde diese Art zu surfen langsam immer populärer. Etwa 1938 schraubte der Surfer Tom Blake aus Wisconsin/Kalifornien erstmals ein Aluminiumruder unter sein Surfbrett. Mit einem Schlag war ein großes Problem gelöst: dem Spinout, also dem ungewollten Querrutschen des Boards auf der Welle, konnte man nun entgegenwirken.

In den 1940ern wurden die Bretter immer kürzer und leichter. Die Surfer bauten ihre Boards aus leichterem Balsaholz, dann aus Schaumkernen mit laminierten Schichten oder aus anderen Kunststoffen. Surfbretter ließen sich endlich leichter tragen, paddeln und besser manövrieren. Surfvideos von 1947 zeigen in Malibu Surfer wie Matt Kivlin oder Buzzy Trent, die immer geradeaus auf großen, dicken Holzbrettern surften. Teilweise wogen diese bis zu 45 Kilo. Nur ein paar Jahre später in den frühen 1950er-Jahren surften die Jungs dann auf den sogenannten Malibu Chips aus Balsaholz. Plötzlich sahen ihre Ritte geradezu modern aus, mit Bottom Turns, Cut Backs und allem, was dazugehört. Seither gab es viele Wendepunkte und kleinere oder größere Revolutionen in der Entwicklung des Surfsports. Aber nichts hat wohl so nachhaltig gewirkt wie die schon erwähnten Surfweltmeisterschaften von 1967 in Ocean Beach nahe San Diego. Bei diesem Contest surfte der Australier Nat Young auf einem Brett namens Sam und begründete damit einen neuen Surfstyle, den er »Total Involvement« nannte. Nat stand weit hinten auf dem Heck und kurvte radikal über die Wellen. Er besiegte damit David Nuuhiwa, der auf einem normalen Longboard den traditionellen Noseride zeigte. Youngs »Total Involvement« setzte sich durch und veränderte das Surfen für immer. Inzwischen hat sich aus diesem Style ein umfassendes Repertoire aus verschiedenen Turns und Manövern entwickelt.

Es macht praktisch bei jeder Welle mehr Spaß, sie in Turns abzufahren, als einfach geradeaus zu surfen. Egal ob du nach rechts oder

Fortsetzung auf Seite 148

Schlechte Position

Nat Young hat auf die harte Tour gelernt, dass man seine Position auf dem Wasser immer zweimal checken sollte.

2009 hat das *Surfer Magazine* Nat Young als einen der zehn wichtigsten Surfer aller Zeiten ausgezeichnet. Der Australier gewann 1967 die Weltmeisterschaft in Ocean Beach/San Diego. Er war der Begründer der »Total Involvement«-Schule, die die Ära des Shortboardens begründete und das Gesicht des Surfens damit für immer verändert hat. Young ist eine Surflegende, aber auch Legenden machen manchmal Fehler und müssen die Konsequenzen tragen. Young hat mir die folgende Geschichte über seine falsche Position in der Waimea Bay erzählt.

»Ich wohnte damals zusammen mit Gerry Lopez im Pipeline-Haus. Ich glaube, es war im Winter 1983. Eines Morgens war ich schon vorm Morgengrauen wach und radelte Richtung Sunset Beach. Aber der Swell war da viel zu groß, weshalb ich weiter nach Waimea fuhr. Dort sah es perfekt aus. Im ersten Morgenlicht sah ich die sauberen Wellen, die sich langsam in die Bucht schoben. Es war unfassbar riesig. Perfekte Tubes, die von einer Ecke der Bucht bis in die andere brachen, und kein Mensch war draußen. Ich saß bestimmt 20 Minuten so da, blickte aufs Wasser und dachte nach: ›Das ist doch unglaublich. Warum ist da keiner auf dem Wasser?‹ Dann sagte ich mir: ›Okay, ich werde rausgehen.‹ Ich fuhr zurück zu Gerrys Haus, wo mir auffiel, dass ich gar kein passendes Brett für Waimea hatte. Zum Glück wusste ich, dass Gerry jedes nur erdenkliche Brett unter seinem Haus lagerte. Ich fand sofort das richtige für mich. Ich hatte keine Ahnung, wem das wirklich gehörte, aber das war okay. Als ich zurück in Waimea war, war es mittlerweile hell. Mindestens fünf Meter rollten da rein. Dazu ablandiger Wind, einfach perfekt. Ich war dort seit Jahren nicht mehr gesurft. Bisher hatte ich mich in der Bucht nie so richtig wohlgefühlt. Wahrscheinlich weil man da als Topsurfer, zu denen ich nun mal in den späten 1960er- und frühen 1970er-Jahren gehörte, immer ganz schön beobachtet wurde und man dann auch schon mal in Wellen paddelte, die man unter normalen Bedingungen lieber ausgelassen hätte. So wie es an diesem Morgen aussah, hatte ich Waimea noch nie gesehen. Menschenleer, perfekt und einladend. Ich war bisher dort immer mit Angst im Nacken gesurft und auch immer zusammen mit vielen anderen Surfern, an denen ich mich orientieren konnte. Dieses Mal war es anders, aber es schien mir trotzdem eine gute Idee zu sein, dort rauszugehen.

Ich schnappte mir direkt die erste Welle, und alles fühlte sich gut an. Auch das Board schien mir das passende zu sein, und ich dachte mir: ›Okay, jetzt kann ich mich auch an das alte Lineup setzen.‹ Als das alte Lineup galt unter den Surfern hier die Höhe von Kirchturm und letzter Palme

in Verlängerung mit Log Cabins. In dieser Linie sollte der perfekte Takeoff-Platz sein. Als ich mir das Lineup genau ausmalte, waren auch schon ein paar weitere Leute rausgekommen, aber die saßen noch im Channel. Dachte ich zumindest. Ich überlegte mir nicht, dass die vielleicht am richtigen Platz saßen und ich am völlig falschen. Ich war mir sicher, dass meine Überlegungen stimmten. Ich dachte mir: ›Hey, das ist schon okay hier. Ich sitze da, wo man hier sitzen muss, und hoffentlich bekomme ich ein paar richtig gute Tubes ab.‹

Dann kam ein Set, ein wirklich riesiges. Ich paddelte direkt in die erste Welle und schoss runter in einen heftigen Bottom Turn. Ich war noch nicht den halben Weg runter bis ins Wellental, da sah ich, dass das Monster vor mir anfing zu brechen. Was hatte ich bloß getan? Ich wusste, dass ich was unternehmen musste, aber ich saß in der Falle. Um mich herum verlangsamte sich irgendwie alles. Der Sturz war schrecklich. Wahrscheinlich der heftigste Waschgang, den ich je erlebt habe, denn die Welle hatte hier eine enorme Kraft. Ich erinnere mich noch, wie ich vorher durch die Luft flog und meine Beine herumschlackerten. Nach einer Ewigkeit kam ich wieder an die Wasseroberfläche und lag jetzt direkt am Point. ›Was zum Teufel mach ich hier?‹, fragte ich mich. Ich schwamm ein Stück raus und wurde wieder durchgewaschen. Zwischendurch sah ich überall Blut. Mein ganzes Gesicht war blutüberströmt und schmerzte. Ich schaffte es zurück zum Strand und lief hoch zu den Häusern in der Nähe. Ich warf Lopez' Brett hin und dachte nur: ›Jesus, was war das denn?‹ Ich hatte keine Ahnung, was ich falsch gemacht hatte.

Oben am Strand saß Gerry Lopez gemeinsam mit Sato, der fotografierte. Ich ging zu ihnen und fragte: ›Was ist da passiert? Was hat mich erwischt? Wo war ich denn da draußen? Ich habe doch alles richtig gemacht. Ich habe die letzte Palme angepeilt und war in einer Linie mit dem verdammten Kirchturm. Ich habe doch alles goldrichtig gemacht, und trotzdem hat mich diese riesige Linke so heftig verprügelt.‹

Alle fingen an zu lachen und Lopez meinte: ›Du warst eben jahrelang nicht mehr hier. Der Hurrikan Iwa hat da ein paar Dinge durcheinandergebracht.‹ Es stellte sich heraus, dass der Hurrikan diverse Palmen entwurzelt hatte und stattdessen neue an andere Stellen gepflanzt worden waren. ›Deine Fixpunkte waren nach diesem Zyklon verschwunden‹, sagte Lopez. Ich fühlte mich, als wäre ich ein Surfer aus einer anderen Generation. Nur weil ich die alten Fixpunkte genutzt hatte, hatte mich dieses Monster so erwischen können. Ich musste mit zehn Stichen genäht werden. Später beim Bier konnten wir natürlich schon wieder darüber lachen, aber ich war noch ziemlich verwirrt. Seit damals habe ich Waimea nicht mehr gesurft.«

Ein Surfer in perfekter Position. Er holt sich viel Geschwindigkeit an diesem Beachbreak und beobachtet, was die Welle als Nächstes tut und was er damit anstellen kann: entweder in die Tube fahren oder in den Bottom Turn gehen oder einen Floater ansetzen oder auch einen Cutback raushauen.

Fortsetzung von Seite 144

links fährst – Turns gehen eigentlich immer. Durch Turns kannst du die Welle richtig ausnutzen. Du kannst Sections umfahren, in denen die Welle weniger Kraft hat. Du kannst immer in dem Teil der Welle surfen, der die meiste Kraft hat. Man fährt die Kurven für mehr Geschwindigkeit, um die Kraft der Welle zu nutzen oder einfach, um einen guten Style zu surfen. Die Turns sind die Grundlage des modernen Surfens. Sie zu beherrschen ist ein wichtiger Schritt vom Anfänger zu einem besseren Surfer. Du wirst durch Turns mehr gute Wellen reiten und Stürze verhindern. Die Fähigkeit, Turns zu fahren, wird dir die große weite Welt des Surfens erst richtig eröffnen.

Irgendwann will jeder Anfänger mehr Geschwindigkeit, und er will Manöver ausprobieren; all diese kleinen und großen Richtungsänderungen auf einer Welle versuchen. Am liebsten will er jede Welle vom Point bis in den Channel mit einer fließenden Bewegung aus Bottom Turns, Cutbacks, Floatern, Aerials oder 360ern absurfen. Die Turns beim Surfen haben etwas mit Funktion und Style zu tun. Sie sind wichtig, um die Welle überhaupt richtig anzureiten, aber sie unterstreichen auch die Individualität jedes Surfers – und sehen dabei auch noch extrem gut aus.

Surfers Lexikon

Auf kleineren Wellen surfen vor allem Longboarder erst einmal einen **kleinen Turn**. Den machen sie schon, bevor sie unten im Wellental ankommen, damit sie direkt in die offene Schulter der Welle fahren können.

Es gibt diverse Möglichkeiten, eine Weißwassersection zu umfahren. Dieser Surfer ist mit dem Rücken zur Welle ausgerichtet, fährt also backside. Er hätte versuchen können, unter die Lippe und so in die Tube zu kommen. Oder er hätte die Section mit einem Floater überwinden und dann mit der Lippe wieder nach unten kommen können. Er macht aber etwas anderes: Er fährt einen weiten Bottom Turn um das Weißwasser und erhöht so seine Geschwindigkeit, um die Welle dann weiter surfen zu können.

Nicely hat sich in die kleine Tube gemogelt. Er bremst seinen Ritt mit der Hand in der Welle, indem er mit dem hinteren Fuß weit hinten steht, um den Tuberide noch etwas zu verlängern.

Bottom Turn

Das ist zum Beispiel immer der erste Turn auf einer Welle. Er muss nicht zwangsläufig, wie es ja eigentlich der Name sagt, ganz unten im Wellental gefahren werden. Einige Wellen machen es erforderlich, dass man schon vorher mit einem Bottom Turn abbiegt, weil die Welle zu schnell bricht. Es gibt auch Wellen wie Maalaea auf Maui oder Teahupoo auf Tahiti, wo ein wirklicher Bottom Turn fast unmöglich ist. Da muss man einfach ganz schnell an den Wellenhang und vor der einschlagenden Lippe fliehen. Aber auf den meisten Wellen funktioniert der Bottom Turn folgendermaßen:

1. Anpaddeln.
2. Aufstehen.
3. Sich in die Welle drücken und dabei schon genau beobachten, was die Welle tut.
4. Das Gewicht verlagern und in der Regel im Wellental in die Kurve gehen. Dabei direkt überlegen, was man als Nächstes tun will – entweder in die Tube gehen oder einen Turn oben an der Lippe ansetzen oder einfach gerade am Wellenhang entlangschießen.

Der Profisurfer Rob Kelly ist als Schlitzer in kleinen Wellen bekannt. Sei die Welle auch noch so klein, er schafft es immer wieder, Speed und Kraft für fette Manöver rauszuholen. Hier surft er bei den 47. Meisterschaften an der amerikanischen Ostküste am Virginia Beach in Virginia 2009.

Ein Contestsurfer bei den Sri Lanka Pro schleudert mit diesem Turn jede Menge Spray in die Luft.

Coco Ho entstammt einer bekannten Surferfamilie. Sie surfte auch vor der Kamera in dem Film *Blue Crush*, sie war die junge Surferin im Fernsehen. Heute fährt sie für die Insel Hawaii als eine der Topsurferinnen auf der ASP World Tour. Hier schwingt Coco kräftig die Hüften auf einer Welle in ihrer Heimat Hawaii.

Es gibt dabei verschiedene Formen des Bottom Turns. Einige Big-Wave-Surfer paddeln schon schräg in die Welle hinein, entgehen so ihrem brechenden Teil und gehen dann direkt in den Bottom Turn. Normalerweise geht man aber in die Welle, fährt sie kurz vertikal hinunter und geht dann mit viel Geschwindigkeit in den Bottom Turn. Dabei plant man direkt, was man als Nächstes tun möchte beziehungsweise was die Welle einem anbietet.

Der vertikale Turn

Viele Surfer leben dafür, schnell in eine Welle zu paddeln, unten dann direkt in den Bottom Turn zu gehen und gleich wieder fast vertikal an die Wellenlippe zu fahren. Das macht nicht nur viel Spaß, sondern ist

Irgendwann, bevor Gott am siebten Tage ausruhen wollte, schuf er noch den perfekten Surferkörper und schenkte ihn Kelly Slater. 175 cm groß und 75 Kilogramm schwer, beweglich, anmutig und voller Kraft. Hier surft er einen Cutback in der vierten Runde des Quiksilver Pro im September 2009 in Hossegor/Frankreich.

Einige Surfer wachsen mit kleinen Wellen auf und haben später das Problem, sich an die Kraft großer Wellen zu gewöhnen. Andy Irons (gestorben am 3.11.2010) kam von der North Shore auf Hawaii und war das genaue Gegenteil. Er fühlte sich in heftigen Tubes immer wohler als in kleinen Wellen. Aber um seine Weltmeistertitel zu holen, musste er auch in kleineren Wellen abgehen. Hier macht Andy während eines Wettkampfs einen Floater am Ende einer kleinen Welle. Je mehr Punkte man da macht, desto besser. Das Foto entstand 2007 bei den Rip Curl Pro in Bells Beach/Australien.

auch sehr effektiv. Man baut so jede Menge Geschwindigkeit für das nächste Manöver auf. Diese vertikalen Turns haben verschiedenste Namen, einige davon sind allerdings schon ziemlich veraltet: Rollercoaster, Off the lip, Vertical Hit, Slash oder Carve und noch viele andere.

Ein Surfer, der so einen Turn surft, ändert sehr schnell seine Fahrtrichtung, je nachdem, was die Welle vor oder hinter ihm macht. Nach so einem Turn geht es die Welle direkt wieder herunter und wieder rauf und so weiter. Das funktioniert besonders gut auf schnellen Wellen. Wenn eine Welle nicht ganz so schwierig zu fahren ist oder der Surfer ziemlich gut ist, fährt er nach dem Turn auch direkt vertikal wieder nach unten. Ein richtig guter Surfer verliert dabei keine Geschwindig-

Surfers Lexikon

Ein **Roundhouse Cutback** bringt dich zurück an den brechenden Teil der Welle, um den Ritt mit viel Power fortzusetzen.

Der **Layback Cutback** war besonders in den 1980ern beliebt. Der Surfer lehnt sich beim Cutback fast bis runter auf die Welle und bremst sich so ab, während er das Brett rumdreht.

keit, geht sofort in den nächsten Bottom Turn und setzt wieder einen vertikalen Turn an.

Das Pumpen

Schau dir mal Kelly Slater in Backdoor Pipeline oder auch auf vielen anderen Wellen an. Der geht in die Welle und macht gar keinen Bottom Turn. Er fährt die Welle halb hinunter und macht dann ganz kleine Bewegungen und Turns, hoch und runter aus den Knien heraus. Das nennt man Pumpen oder Driving down the line. Damit kann man richtig Geschwindigkeit aufnehmen. Kelly ist

Ein guter Cutback: Die Füße stehen richtig, die Hände sind nicht zu hoch in der Luft, der hintere Fuß steht weit auf dem Heck, um Körper und Board zu drehen. Der Blick des Surfers geht schon dahin, wohin ihn der Cutback bringen wird, direkt in Richtung des brechenden Parts, um dann schnell wieder Druck auf der Welle machen zu können.

Ein engagierter Cutback vom Wasser aus beobachtet.

darin der absolute König. Er holt damit richtig viel Schwung für all das, was er als Nächstes auf der Welle vorhat.

Durch die hohe Geschwindigkeit, die man mit dem Pumpen erreichen kann, kann man auch gut brechende Sections umfahren.

Der Floater

Früher mussten Surfer Weißwasserbereiche in der Welle durchfahren oder tiefer um sie herumsurfen. Aber die kürzeste Distanz zwischen zwei Punkten ist bekanntlich eine gerade Linie, und diese nutzt man beim Floater. Anfang der 1980er sah man das neue Manöver zum ersten Mal. Surfer rutschen praktisch mit viel Speed über die Weißwasserbereiche. Am Ende springen sie von dem Weißwasserteppich in Richtung Wellental und können im besten Fall den Ritt anschließend fortsetzen.

Eine Doppelwelle entsteht, wenn eine größere Welle eine kleinere einholt. Manchmal addieren sich die Kräfte, und es entsteht eine sehr schnelle Welle. Dieser Surfer nutzt die Kraft der größeren Welle, um in die kleinere zu kommen und dann direkt in die Tube zu fahren.

Eine perfekte tropische Welle. Der Surfer freut sich schon auf die nächste Section in der Welle und fragt sich, was sie noch für ihn bereithält: eine Tube, eine steile Wand? Oder wird sie einfach zusammenbrechen?

Der Cutback

Das Wichtigste beim Surfen ist es, immer möglichst nah am brechenden Teil der Welle zu bleiben, denn dort hat die Welle die meiste Kraft. Wer das berücksichtigt, hat am meisten von seinem Ritt. Einige Wellen sind sehr schnell. Andere hingegen haben auch flache Bereiche, oder der brechende Teil verlangsamt sich zwischendurch. Dann ist es Zeit für einen Cutback. Der Surfer fährt auf die Schulter der Welle, dreht herum und fährt dann wieder in Richtung des brechenden Teils. Dabei lässt man möglichst viel Wasser fliegen.

Die Kombinationen

Die beschriebenen Turns kombiniert man normalerweise auf einer Welle, nicht nur, um sie einfach zu surfen, sondern auch, um möglichst lange etwas von ihr zu haben. Und natürlich, damit es gut aussieht. Im 21. Jahrhundert brachten Surfer wie Dane Reynolds schließlich auch noch Manöver aus dem Skateboarden, Snowboarden und anderen

Fortsetzung auf Seite 161

Genauso sieht ein Wipeout aus. An keinem Spot sind Stürze so heftig wie in Pipeline auf Hawaii.

Wie man Wipeouts übersteht

Brock Little beschreibt einen der schlimmsten Stürze aller Zeiten

Brock Little war in den 1980er- und 1990er-Jahren einer der weltweit bekanntesten Big-Wave-Surfer. Er wuchs an der North Shore von Oahu auf Hawaii auf. Die Waimea Bay lag genau vor seiner Haustür. Als er jung war, paddelte er mit seinen Freunden an großen Tagen raus, um zu sehen, wer den radikalsten Wipeout hinlegte.

Brock war schnell der beste Surfer an diesem Spot. 1990 wurde ihm eine große Ehre zuteil. Er wurde zum Quiksilver Big Wave Invitational eingeladen, einem Surfcontest, der jährlich zu Ehren des ertrunkenen Lifeguards Eddie Aikau abgehalten wird. In diesem Jahr wurde der Contest zu einer echten Legende. So groß waren die Wellen selten in der Waimea-Bucht. Zwei Dutzend der weltbesten Big-Wave-Surfer hatten sich am Strand versammelt. Der Sieger sollte 55 000 US-Dollar Preisgeld bekommen. Gute Rahmenbedingungen für eine fette Show.

Die Welle, in die Brock paddelte, war absolut gigantisch. Er versuchte aufzustehen, aber dann stürzte er, und zwar richtig heftig. Dieser Wipeout ging als einer der härtesten jemals gesehenen Stürze in die Geschichte des Surfens ein. Heutzutage gilt Brock als einer der besten Stuntmen in Hollywood, spezialisiert auf Surfszenen. In *Stirb langsam* ist er einer der Schergen, die von Bruce Willis aus dem Weg geräumt werden.

Brock hält sich meistens auf Hawaii und die restliche Zeit in Kalifornien auf. Er wird von Hurley gesponsert. Diesen Bericht hat Brock für die Website von Hurley verfasst und beschreibt einen der härtesten Crashs, die je ein Mensch in einer angepaddelten Welle erlebt und überlebt hat.

»Ich hatte die Welle beim Eddie Aikau Contest 1990. Im Jahr darauf war ich damit auf dem Contestposter, und das Foto war noch über Jahre in Surfmagazinen weltweit zu sehen. Ich werde hier jetzt nicht die ganze Geschichte von dem Contest ausbreiten. Das spare ich mir für eine andere Kolumne. Ich konzentriere mich voll auf die Geschichte über diese eine Welle.

Ich hatte keinerlei Angst an dem Tag. Ein paar Jahre zuvor wäre ich um ein Haar ertrunken. Ich wusste, dass man hier an so einem Tag sterben kann. Deswegen wollte ich unter keinen Umständen stürzen. Als diese Welle anrollte, wusste ich, dass ich es schaffen könnte. Die Bucht von Waimea war wie ein Stadion. Als man das Set am Horizont sah, fingen alle an zu grölen. Ich hörte Fanfaren und jubelnde Menschen. Die meisten Leute in meinem Heat fingen an nach draußen zu paddeln, um dem Megaset zu entgehen. Aber es war schon immer mein Ziel, genau so eine Megawelle anzupaddeln, bevor ich dafür zu alt werden würde. Da rollte meine Chance auf mich zu.

Ich saß am Riff und wartete. Die anderen waren bestimmt schon 20 bis 30 Meter weiter draußen und paddelten noch weiter. Mein Freund Ken Bradshaw war noch in meiner Nähe, saß aber nicht so nah am Point. Aaron Napoleon paddelte zu dem Zeitpunkt wieder raus. Er hatte gerade eine Welle genommen. Ich würde jetzt gern sagen, dass ich total ruhig war, als ich da wartete. Aber ich war tatsächlich richtig aufgeregt. Ich paddelte über die erste Welle des Sets, und dann sah ich, wie sich der komplette Ozean vor mir auftürmte. Die Welle kam direkt auf mich zu. Ich musste sie also anpaddeln. Ich drehte mich um, legte meinen Kopf runter und paddelte, so stark ich konnte. Du gibst einfach alles, um so ein Monster von einer Welle zu kriegen, obwohl du weißt, dass sie dich töten kann. Warum?

Aaron ist einer der Jungs, mit denen ich aufgewachsen bin. Der beste Mann, um mich richtig anzufeuern. Und als ich paddelte, schrie er: ›Komm, komm, komm! Du schaffst es!‹ Ich guckte zu Bradshaw rüber. Er paddelte sie ebenfalls an. Er stand kurz auf, zog dann aber zurück. Die Welle gehörte mir also ganz allein. Ich merkte, dass ich es schaffen konnte. Dann aber, auf halbem Weg ins Wellental, merkte ich, dass es nicht klappen und ich gleich stürzen würde. Ich drehte mich kurz um und sah die unglaublichen Mengen an Wasser.

Ich glaube nicht, dass ich irgendwas hätte besser machen können. Diese Welle konnte man einfach nicht reiten. Vielleicht mit Unterstützung eines Jetskis. Als ich anfing zu fallen, zog mein Leben noch einmal an mir vorbei. Ich glaube, da war ich noch nicht mal ins Wasser eingeschlagen. Ich sah, wie meine Mutter mich trug, wie ich durch die Gegend lief als kleiner Junge. All diese Dinge. Als ich dann fast ertrank, hatte ich so eine typische Nahtoderfahrung: Ich verließ irgendwie meinen eigenen Körper. Ein seltsames Gefühl, da ich eigentlich nicht mal heute an solche Sachen glaube.

Als ich aufs Wasser aufschlug, war das wie ein Sturz auf Beton. Es war nicht ganz so schmerzhaft, aber ich kam nicht unter Wasser. Die Welle schleuderte mich vor sich her, aber ich ging nicht unter. Ich dachte jetzt nicht mehr an meine Mutter, ich machte mir eher Sorgen darüber, dass die Wellenlippe gleich auf mich einprügeln würde. Schließlich war ich in der Welle, aber nicht sehr tief. Sie riss mich mit, aber es gelang mir, kurz den Kopf über Wasser zu kriegen und noch mal einen Atemzug zu nehmen. Ich weiß nicht, ob das eine Halluzination war. Aber ich sah die komplette Bucht und all die Menschen und Autos in diesem Stadion.

Dann war ich wirklich lange unter Wasser. Wenn du denkst, dass du jetzt ertrinkst, findest du es eigentlich gar nicht mehr so schlimm. Als ich wieder an die Oberfläche kam, war ich völlig überrascht darüber, noch am Leben zu sein.

Ich hatte in dem Heat bisher noch keine Punkte gemacht. Also paddelte ich danach einfach wieder raus und surfte meinen Heat zu Ende.

Als ich wieder an Land kam, sahen mich die Leute total irritiert an. Als wenn ich ein Geist wäre. Irgendwie war es sogar cool. Meine Mutter erzählte, dass mein Bruder den Strand verlassen hatte. Er wollte nicht mit ansehen, wie ich mich umbringe. Nun, ich hatte es ja irgendwie geschafft. Ich wünschte aber, ich hätte auch diese mächtige Welle geritten.«

Cinderella gegen Godzilla

Jay Moriarity überlebt einen Big-Wave-Wipeout in Maverick's

Es war wie die Geschichte von Cinderella, oder eher die Geschichte von Cinderella und Godzilla.

Es war im Dezember 1994. Der erst 16-jährige Surfer Jay Moriarity aus Santa Cruz hatte sich entschieden, an einem der härtesten Big-Wave-Spots weltweit zu surfen: Maverick's im Norden von Kalifornien, eine weit draußen auf dem Meer brechende Riesenwelle. Am Pillar Point Harbor schnappte sich Jay ein Boot und fuhr raus, um sich die Bedingungen anzusehen. Maverick's sah gigantisch aus. Das waren die größten Wellen, die Jay jemals gesehen hatte. Durch 20 Knoten ablandigen Wind und ein 5,9-Hochwasser waren sie besonders steil und brachen wie in Zeitlupe. Wasser und Luft waren sehr kalt. Es waren schon zehn Jungs draußen und surften. Unter ihnen Evan Slater, Darryl Virostko, die Wormhoudt-Brüder, Alistair Kraft, Nacho Lopes und Chris Brown. Die Sets kamen regelmäßig rein. Aber nur wenige wurden tatsächlich gesurft. Es war einfach zu groß, zu windig, und die Tide stand zu hoch. Evan Slater paddelte eine Welle an, rutschte seitlich weg und segelte dann einen Meter durch die Luft, bevor die Welle ihn mit sich riss.

Kurz danach paddelte Jay raus und an den Jungs vorbei, die vor lauter Kälte und Respekt wie erstarrt dasaßen. Er setzte sich tief an den Point und wartete etwa zehn Minuten auf sein Set. Dann paddelte er an, stand auf und war nur Millisekunden später in die Geschichte des Surfens eingegangen.

Ben Marcus: Hattest du deinen Verstand komplett ausgeschaltet?

Jay Moriarity: Ich dachte eigentlich, ich hätte sie. Ich dachte, es sei alles in Ordnung. Aber dann wurde es zum Albtraum.

Ben Marcus: Was war schief gegangen?

Jay Moriarity: Ich lag wohl etwas zu tief. Ich denke aber, dass ich es geschafft hätte, wenn nicht so viel Wind auf der Welle gewesen wäre. Es war alles in Ordnung, als ich losgepaddelt und aufgestanden bin. Ich dachte noch: »Das wird echt eine coole Welle. Das wird fett!« Ich kam auf die Füße, und für den Bruchteil einer Sekunde war auch wirklich alles gut. Aber dann fing das ganze Monster an, gleichzeitig zu brechen, und ich spürte, wie mich der Wind anhob. Die Welle wurde richtig steil, und für einen Moment blickte ich diese Wand hinunter in die Tiefen des Ozeans. Ich dachte nur noch, dass das nicht gut ausgehen kann. Das Nächste, woran ich mich danach erinnerte, war, wie mich diese gigantische Welle in die Mangel nahm.

Ben Marcus: Was hast du dann gemacht?

Jay Moriarity: Was ich immer mache, wenn ich stürze. Du musst dich einfach entspannen, dich durchwirbeln lassen und hoffen, dass du am Ende wieder auftauchst. Also versuchte ich mich zu entspannen.

Ben Marcus: Hast du dich verletzt?

Jay Moriarity: Ja, es war ziemlich schmerzhaft. Der

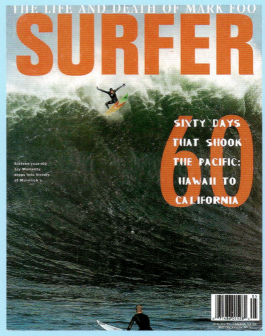

Das Cover vom *Surfer Magazine* zeigt Jay Moriaritys Sturz in Maverick's.

Aufprall fühlte sich an, als wenn mich zehn Lastwagen gleichzeitig überrollen. Ich war erstaunt, wie stark der Einschlag der Welle war. Aber vor allem hat mich erstaunt, dass sie mich nicht direkt in Stücke geschlagen hat.

Ben Marcus: Ich habe später das Video dieser Welle gesehen. Vom Sturz bis zu dem Zeitpunkt, als du wieder aufgetaucht bist, hat es eigentlich nur knapp 20 Sekunden gedauert.

Jay Moriarity: Die fühlten sich aber wie Jahre an. Ich wurde so tief runtergezogen, dass ich sogar mit dem Rücken auf den Meeresboden schlug. Ich dachte nur: »Mann, ich kenne niemanden, der hier schon mal den Boden berührt hat. Hoffentlich komme ich wieder nach oben.« Irgendwie bekam ich meine Füße unter den Körper und drückte mich nach oben ab. Es kam mir ewig vor, bis ich die Oberfläche sah. Ich machte hektische Schwimmbewegungen mit offenen Augen, aber es war total schwarz um mich herum. Es war die ganze Zeit schwarz, bis ich endlich ein schwaches Licht sah und schließlich auftauchte.

Ben Marcus: Warst du kurz vor einer Panik?

Jay Moriarity: Als ich unter Wasser war, dachte ich: »Wenn du jetzt nicht schnell nach oben kommst, wird dich direkt die nächste Welle treffen.« Aber eigentlich war ich recht ruhig. Ich hatte zwar Angst, bekam aber keine Panik. Ich war ziemlich mitgenommen, als ich auftauchte. Aber ich war nicht kurz vorm Ersticken.

Fortsetzung von Seite 157

Brettsportarten ins Surfen. Sie erfanden Tricks wie 360er und Aerials. Manöver, von denen die alten Surfer nicht mal zu träumen gewagt hätten. Aber das sind schon echte Profimanöver. Erst einmal müssen die Basics sitzen, also Bottom Turn, Top turn, Pumpen und der Cutback.

Stürze/Wipeout

In den 1990er-Jahren hat der ehemalige Weltmeister Martin Potter einmal gesagt: »Wenn dein Ritt schon nicht spektakulär aussieht, solltest du wenigstens einen spektakulären Abgang hinlegen. Auch das ist gut für unseren Sport.« Natürlich war das ein Scherz von Potter. Vielleicht wollte er den Surfern nur ein besseres Gefühl geben, wenn sie schon hart stürzen.

Ein Sturz oder auch Wipeout kann auch Spaß machen und drückt dir Adrenalin ins Blut. »Mann, dass ich das gerade überlebt habe! Ich bin nur knapp dem Tod entgangen!« Meist ist das wohl übertrieben. Dennoch ist es ein Kick der besonderen Art, wenn man von einer Drei-Meter-Welle stürzt und aufs betonharte Wasser klatscht. Dir bleibt die Luft weg, und es fühlt sich an, als ob Hunderte Tonnen Wasser über dich hinwegrauschen würden. Du hast das Gefühl, mit 160 Sachen abzustürzen und dass dich diese gewaltige Kraft meterweit unter Wasser presst. Dort wirst du dann wie ein Spielball des Ozeans durch die Gegend geschleudert. Du weißt schnell nicht mehr, wo oben und unten ist, bist kurz vorm Blackout und siehst dein ganzes Leben noch mal vor deinem inneren Auge vorbeiziehen. Du betest zu allen Göttern, flehst um Vergebung und versuchst irgendwie zurück an die Wasseroberfläche zu kommen. Wenn du es geschafft hast, bleibt dir noch nicht einmal Zeit, deine Lunge auch nur halbwegs zu füllen. Dann kommt schon die nächste Welle des Sets, und das Ganze geht wieder von vorn los.

Trotzdem, danach fühlst du dich lebendiger als je zuvor. Für viele kann so ein Sturz aber auch traumatische Auswirkungen haben. Also sollte man doch besser versuchen, ihn zu vermeiden, denn:

Stürzen heißt, dass du etwas falsch gemacht hast und dir der Rest der Welle entgeht.

Stürzen kann dich, dein Surfbrett und die Surfer um dich herum in Gefahr bringen.

Stürze können auch peinlich sein und zu allgemeinem Gelächter führen.

Wenn die anderen Surfer sehen, dass du ständig stürzt, nehmen sie dich nicht mehr ernst, und du wirst kaum noch eine Welle bekommen.

Es gibt ungefähr so viele Möglichkeiten zu stürzen, wie es verschiedene Manöver beim Surfen gibt: Du kannst direkt nach dem Takeoff fallen, du fliegst beim Bottom Turn aus der Kurve, oder du verkantest beim Cutback. Die meisten Stürze sollte man aber besser vermeiden. Du kannst dich oder andere verletzen, dein Surfbrett kann kaputtgehen, und im Zweifelsfall wirst du noch zum Gespött der Leute.

Vor Verletzungen ist praktisch kein Körperteil sicher. Dein Kopf,

Was tun beim Wipeout?

Wenn alles schief geht, gibt es doch noch einiges, was man richtig machen sollte. Anfänger werden oft in Gewässern surfen, die recht flach sind. Da muss man beim Stürzen ein paar Sachen beachten:

1. Immer versuchen, flach einzutauchen.
2. Immer versuchen, sich zu schützen.
3. Vor allem versuchen, den Kopf mit den Armen zu schützen.

Keala Kennelly kommt von der Insel Kauai/Hawaii. Das ist die Heimat einiger bekannter und berüchtigter Surfer, und auch die Surferinnen auf dieser Insel sind für ihr radikales, furchtloses Wellenreiten bekannt. Keala Kennelly gehört derzeit zu den mutigsten und besten Profisurferinnen der Welt. Sie hat keine Angst vor radikalen Cutbacks oder einer Monstertube in Teahupoo. Hier schlitzt sie in ihrer Heimat auf Hawaii.

deine Nase, dein ganzes Gesicht, die Zähne, Rippen, Arme, Beine oder Füße, alles kann in Mitleidenschaft gezogen werden. Wenn du Surfer fragst, die schon lange dabei sind, kann dir fast jeder etwas von Verletzungen erzählen. Sie schieben den Ärmel ihres Shirts hoch und zeigen dir Abschürfungen am Arm oder Spuren einer aufgeplatzten Lippe. Manche schieben ihre Haare zur Seite und zeigen ihre Narben oder auch mal abgebrochene Zähne. Alles Andenken an heftige Wipeouts.

Stürze sind manchmal unumgänglich. Sie kommen bei Anfängern genauso wie bei Profis vor. Einige Dinge sollte man dabei aber immer beherzigen: Denke immer daran, wo du gerade bist. Bevor du ins Wasser stürzt, solltest du möglichst wissen, wie tief das Wasser ungefähr ist und wie weit du von der Wellenlippe entfernt bist. Manchmal muss man unbedingt versuchen, sehr flach zu fallen, weil da nicht mehr viel Wasser zwischen dir und dem harten Meeresgrund ist. Ein anderes Mal sollte man hingegen so tief wie möglich eintauchen, um der einschlagenden Welle zu entgehen. Vielleicht muss man sogar versuchen, hinter die Welle zu kommen, damit sie einen nicht mit sich reißt.

Der Gipfel der Welt

Die Beach Boys hatten schon ganz recht, als sie sangen: »Catch a wave and you're sitting on top of the world« (Schnapp dir eine Welle und du erreichst den Gipfel der Welt). Irgendwann kommt bei jedem Anfänger, der dabeibleibt, der Moment, wo alles perfekt zusammenpasst. Du paddelst mit trockenen Haaren raus, setzt dich ins Lineup und wartest auf eine gute Welle. Niemand ist hinter dir. Die Welle gehört nur dir allein. Du paddelst in die Welle, erwischst sie genau an der richtigen Stelle, und obwohl es vorher hunderte Male nicht geklappt hat, geht auf einmal alles gut. Du bist in einer flüssigen Bewegung, stehst genau richtig und reitest die Welle bis zum Ende ab. Ohne Fehler, sogar schon mit ein bisschen Style. Am Ende steigst du sogar noch gekonnt aus. Du bist »gestoked«. Irgendwann wird das passieren. Bei dem einen früher, beim anderen später. Dann passt einfach alles zusammen. Du machst alles richtig, und dieses fantastische Gefühl wirst du niemals vergessen. Ein Gefühl, das du für den Rest deines Lebens immer wieder neu erleben möchtest. Schnapp dir eine Welle und komm auf den Gipfel der Welt. Es wird dein Leben verändern. Es ist wie eine Sucht. Du wirst nie wieder aufhören wollen.

Das Lernen wird dabei immer weitergehen. Manchmal kann es frustrierend sein, aber meistens wirst du belohnt. Jeder Surfer will immer mehr, immer bessere und höhere Wellen. Die Wellen sollen länger werden oder hohler oder schneller oder kräftiger. Man will einfach den letzten Ritt immer wieder toppen. Diese Sucht kann schnell so stark werden, dass man sein ganzes Leben danach ausrichtet. Man liefert sich den Launen des Ozeans aus. Surfen kann fast so heftig sein wie andere Süchte. Aber es ist eine saubere Sucht und eine gesunde. Hier überwiegt mit Sicherheit das Positive.

Surfen bedeutet auch lebenslanges Lernen. Du kannst mit den besten, talentiertesten Surfern der Welt sprechen: Egal ob und wie viele Wellen sie schon zwischen Australien und Sansibar geritten haben, das Verlangen nach dem besonderen Kick wird niemals aufhören. Und der Ozean wird ihn immer bereithalten.

9

Sicherheit und Gesundheit

Dreh dem Ozean niemals den Rücken zu. Behandel ihn auch an kleinen Tagen immer mit Respekt. Der Ozean ist wie ein riesiger Drache, den du vor deiner Haustür angebunden hast. Er kann jederzeit außer Kontrolle geraten. Wenn du denkst, du kennst alle seine Launen, passiert irgendetwas Unvorhergesehenes. Ein Schnitt im Fuß, eine Schürfwunde vom Riff, eine gebrochene Nase oder ein blaues Auge.

Oder du ertrinkst ganz einfach, und damit endet alles. Der berühmte Big-Wave-Surfer Roger Erickson fasst die Gefahren des Meeres in einem Satz zusammen: »Es ist alles okay, bis etwas schiefgeht.« Und damit hat er nicht ganz unrecht. Es sind schon Anfänger ertrunken, aber auch die besten, fittesten und erfahrensten Big-Wave-Surfer.

Fortsetzung auf Seite 170

Profisurferin Rochelle Ballard surft mit dem Rücken zum Wellentunnel ihren Backside Barrel.

Furchtlos

Profisurferin Rochelle Ballard zeigt ihre Verletzungen

In den 1990er-Jahren und bis ins 21. Jahrhundert war Rochelle Ballard eine der wichtigsten Persönlichkeiten im professionellen Frauensurfen. Schon im zarten Alter von zwölf Jahren lernte die aus Kauai, Hawaii, stammende Rochelle das Surfen. Ihr großes Vorbild war Margo Oberg, die Pionierin des Wettkampfsurfens für Frauen.

Rochelle lernte schnell, auch in kraftvollen, großen und gefährlichen Wellen zu surfen. In Kauai gilt »Reden ist Silber – Action ist Gold«. Deshalb kommen die härtesten Surfer aus Kauai, egal ob Männer oder Frauen.

Rochelle wurde 1991 Profisurferin, und in den folgenden fast 15 Jahren war sie eine der Vorreiterinnen im Frauensurfen. Sie ging in immer steilere und heftigere Wellen und brachte das Frauensurfen auch in solche Wellen, die bis dato Männern vorbehalten waren.

Während ihrer Profikarriere gab es für Rochelle zahlreiche Erfolge, aber sie musste auch oft genug die Zeche dafür zahlen. Hier findet ihr einen Überblick über die Verletzungen, die sie sich im Laufe der Jahre zuzog. Wie sie die bekam, wie sie sich davon erholte und was sie daraus gelernt hat.

1. »Während der Dreharbeiten zu *Blue Crush* habe ich mir bei einem Stuntshooting eine schwere Verletzung zugezogen. Es war die Szene, in der Anne Marie von ihrem Exfreund über den Haufen gefahren wird. Ich doubelte Kate Bosworth; Chris Won, der ihren Exfreund spielte, surfte selbst. Wir waren bei perfekten Bedingungen draußen in Lanis. Als ich die erste Welle herunterfuhr, sah ich den Kameramann Don King bereit für die Szene im Wasser stehen. Aber keine Spur von Chris. Ich stieg also aus. In dem Moment, in dem ich aussteigen wollte, paddelte Chris gerade erst an und schoss jetzt direkt auf mich zu. Wir knallten so stark aneinander, dass wir beide in die Luft flogen. Ich spürte sofort den Schmerz in meinem Nacken. Dort hatte Chris mich mit seinem Hintern erwischt. Mein linker Arm und mein Nacken fühlten sich völlig taub an. Brock Little sorgte für die Wasserrettung. Er kam auf dem Jetski raus und fischte mich aus dem Wasser. Ich konnte noch nicht einmal aus eigener Kraft aufsteigen. Man flog mich sofort mit dem Helikopter ins Krankenhaus von Queens. Dort wurde ich für einige Stunden beobachtet. Ich hatte temporäre Lähmungserscheinungen von den traumatisierten Nerven. Ich war für zwei Wochen außer Gefecht gesetzt – zwei Wochen, in denen extra nur für die Filmcrew ganz Pipeline abgesperrt worden war. Zwei Wochen, in denen die ganze Zeit über perfekte 2-Meter-Wellen reinliefen ... Ich saß am Strand, während Noah Johnson mit Perücke und Bikini in diese perfekten Tubes surfte. Das war ein schreckliches Gefühl. Ich sah praktisch, wie sich mein größter Traum ohne mich erfüllte. Die Verletzung im Nacken habe ich noch Jahre später gespürt. Lustig ist, dass Chris Won heute Chiropraktiker ist und ich mich oft von ihm behandeln lasse.«

2. »Als ich von Swatch gesponsert wurde, schickten sie mich nach Italien. Dort sollte es einen Contest in einer künstlichen Welle geben. ›Brutus Maximus‹ hieß das Ding. Sie stand oben auf einem Berg bei Florenz. Ich war begeistert davon, unterm Sternenhimmel über der Statue von David zu surfen und mir die fetten Tricks und Aerials der Jungs anzusehen. Ich war das einzige Mädchen. Es war ein beeindruckender Auftritt: Große Kamerakräne hingen direkt über der Welle. Es gab Spotlights und Musik und fette Action. Mir fiel es ziemlich schwer, auf der Welle zu surfen. Sobald ich etwas tiefer reinging, riss mich die Welle weg und schlug mich gegen die Wand dahinter. Christian Fletcher tat das scheinbar leid. Also schlug er mir vor, mich auf seinen Rücken zu stellen, während er auf dem Bauch auf einem Boogieboard lag, damit wir gemeinsam in die Tube surfen konnten. So kam schließlich auch ich in die Tube. Die Leute schrien vor Begeisterung. Wir waren eine ganze Weile drin und sahen nicht, dass da schon der Nächste am Rand der Welle stand, um reinzuspringen. Er sah uns nicht und sprang mir direkt auf Schulter und Kopf. Ich war sofort ausgeknockt. Alle waren natürlich total außer sich. Ich fuhr nach Hause mit einem schmerzenden Nacken und angeschwollenem Hintern. Seither hat man mich auf ›Brutus Maximus‹ nie wieder gesehen. Das muss ich nicht mehr tun. Die Jungs können die Welle gern für sich haben.«

3. 1997 rollte pünktlich zu den US Open am Huntington Beach in Kalifornien ein fetter Swell aus Süden an. Er war bis zwei Meter hoch, hatte jede Menge Strömung, und zwischen der Pier brachen einige Wellen close out. Im Halbfinale ritt ich eine Linkswelle zwischen der Pier durch. Dahinter kam ein sehr großes Set. Ich war zu weit weg von der Pier, um schnell dahinter zu paddeln. Bei der ersten Welle machte ich einen Duckdive und kam etwas näher Richtung Pier. Aber dann kam schon die nächste, und ich lag an einem sehr ungünstigen Platz. Hätte ich versucht, noch einmal zu duckdiven, hätte mich die Welle gegen einen der Pfeiler drücken können. Ich drehte mich also um und versuchte dem Pfeiler auszuweichen. Aber das war ein Fehler. Dem ersten Pfeiler konnte ich noch entgehen, doch den nächsten rammte ich mit dem Kopf voran. Das zurücklaufende Weißwasser war so hoch, dass es mich fast einen Meter über den eigentlichen Wasserspiegel hob. Das war ganz gut, denn weiter unten waren die Pfeiler voller Muscheln, die mich hätten aufschlitzen können. Ich schlug noch einmal mit dem Kopf gegen einen Pfeiler, sah die Sterne und war für einige Sekunden weggetreten. Pam Burridge paddelte gerade auf der anderen Seite der Pier raus und sah, was passiert war. Sie griff mich sofort. Ich

Rochelle Ballard zeigt ihre Verletzungen.

kam wieder zu mir, krabbelte direkt auf mein Brett und wollte wieder rauspaddeln. Da sagt Pam: ›Was machst du da? Zum Strand geht's da lang. Du musst an Land. Du bist gegen die Pier geknallt. Dir geht es nicht gut.‹ Ich hatte noch ein paar Minuten und wollte meinen Heat unbedingt schaffen. Mir war gar nicht klar, dass ich durch diesen Unfall hätte gelähmt sein können. Oder einen Hirnschaden davontragen oder sogar sterben können. Ich wollte nur ins Finale kommen. Pam half mir zurück an den Strand, wo ich sofort von Lifeguards und Sanitätern umringt wurde. Da fing ich erst an zu begreifen, was passiert war. Ich hatte eine große Wunde an der Stirn. Mein Exfreund, mein Vater, meine Oma und Lisa Andersen kamen alle aufgeregt zu mir, den Tränen nah. Das machte mir wirklich Angst. Ich dachte mir, wenn die schon weinen, muss es ziemlich übel um mich stehen. Ich bekam Panik und wurde einige Male bewusstlos. Als ich am nächsten Morgen aufwachte, lief im Fernsehen zufällig ein Bericht über Hirntraumata und was dadurch alles passieren kann. Ich trank gerade einen Kaffee und kühlte meinen Kopf mit Eis. Es ging mir schon wieder ganz gut. Ich war so dankbar, dass mir nicht Schlimmeres geschehen war. Man hatte den Contest sogar unterbrochen und auf den nächsten Tag verschoben, für den Fall, dass es mir besser gehen würde. Ich beschloss also, den Contest weiter zu surfen. Meine Familie war nicht gerade begeistert, aber ich wollte unbedingt. Ich gewann den Wettbewerb und auch den nächsten WCT-Stopp in Lacanau. Ich litt aber noch vier Jahre danach an chronischen Kopf- und Nackenschmerzen.«

4. »Als ich 14 war, bekam ich mal die Nose meines Boards ins Gesicht und brach mir das rechte Jochbein. Mir wurde eine kleine Metallplatte eingesetzt, damit das schneller heilt. Die Wellen waren an dem Tag nur 30 Zentimeter hoch, das Surfen war echt mies. Das war es wirklich nicht wert.«

5., 6., 7. »Ich habe mir die Nase dreimal gebrochen und musste sie mir schließlich operativ richten lassen. Das erste Mal war in Kauai, als ich 16 Jahre alt war. Ich paddelte in eine fette Welle, die close out brach. Ich stürzte direkt mit dem Gesicht voran auf einen Felsen. Beim zweiten Mal spielte ich mit Serena Brooke Fußball am Strand in Logs. Sie traf mich versehentlich mit dem Knie auf die Nase. Das dritte Mal war in Tavarua. Sie hatten gerade diesen wunderschönen Naturpool eröffnet. Ich hatte ein paar Drinks und war richtig gut drauf. Ich tauchte in ein paar Zügen durch den Pool und stieß mit der Nase gegen eine Kante, die man nachts nicht sehen konnte. Meine Nase sah danach nicht mehr so gut aus. Direkt danach musste ich sie begradigen lassen.«

8. »Als ich 22 Jahre alt war, ging ich mit Bruce und Andy Irons und Keala Kennelly surfen. Wir waren an der Nordküste von Kauai draußen und surften in einer feuernden Linkswelle. Ich zog in eine Welle, die direkt zusammen-

brach, und knallte auf Grund. Mit Kopf und Schulter schlug ich im Riff ein. Danach war ich total durch den Wind. Die anderen versuchten mich zu beruhigen. Für einige Jahre traute ich mich kaum noch, backside, also mit dem Rücken zur Welle, in einer Tube zu surfen. Ich hatte Riesenangst, mir noch mal den Kopf zu verletzen. Die Angst überwand ich erst, als wir Mädels das erste Mal einen Event in Teahupoo hatten.«

9. »Während der Dreharbeiten für einen O'Neill-Surffilm in Tahiti verletzte ich mich schon wieder am Kopf. Ich war mit Shane Beschen, Cory Lopez und Jay Moriarity auf dem Wasser. Es war bestimmt bis 2,5 Meter hoch in Teahupoo und ging ziemlich ab. Ich war nervös. Ich hatte an den Tagen zuvor schon ein paar recht große Wellen geritten. Aber an dem Tag war es heftiger. Ich schnappte mir die erste Welle eines großen Sets. Ich fasste mit der Hand an die Kante meines Boards und ging direkt in die Tube. Die Welle war riesig. Eine Sekunde später war mir klar, dass ich es nicht raus schaffen würde aus der Tube. Ich hatte zu der Zeit noch nicht so viel Erfahrung an dem Spot. Ich wusste nicht, dass man sich dann besser direkt ins Wasser fallen lassen sollte, anstatt die Welle noch so weit wie möglich zu surfen. Es wird nämlich zur Seite immer flacher. Ich ritt also weiter, bis die Schaumwalze mich einpackte. Ich ging unter, und noch bevor ich wusste, wie mir geschah, riss die Welle mich komplett einmal herum. Ich hatte sofort das Gefühl, gleich irgendwo aufzuschlagen. Als ich an die Oberfläche kam, schlug mein Kopf aufs Riff. Ich war völlig benommen. Blut tropfte von meinem Kopf. Ich stand auf dem trockenen Riff, und es kamen riesige Wellen und enorme Mengen Weißwasser auf mich zu. Meine einzige Chance war es, mich auf mein Brett zu legen und vom Weißwasser rein-schieben zu lassen. Das klappt aber meistens nicht. Wenn man von so einer Menge Weißwasser gepackt wird, reißt es einen normalerweise einfach vom Brett. Aber irgendwie hatten die Engel ein wachsames Auge auf mich, und ich wurde in die Lagune gespült. Ich kam ins Krankenhaus. Der Arzt kam zu mir, in Shorts, T-Shirt und barfuß. Er säuberte mir die Wunde und sagte, dass er es nicht nähen könne, weil es ein kleines Loch war und kein Schnitt. Nie wieder möchte ich in so eine closeout in Teahupoo paddeln.«

10. »Wir filmten gerade für den Frauensurffilm *Blue Crush* in Samoa. Am Spot Salani's war es bestimmt zwei bis zweieinhalb Meter hoch. Ich stieg aus einer Welle aus und sah, dass das nächste Monster direkt vor mir brach. Ich versuchte zu duckdiven. Aber das Brett wurde mir aus der Hand gerissen und die Leash riss. Das Board trieb direkt auf die Felsen. Die Welle erfasste mich und schleifte mich übers Riff. Ich riss mir die Muskeln zwischen den Schulterblättern und den Rippen. Zu allem Übel liegt Salani's noch recht weit draußen. Man paddelt da bestimmt 15 Minuten bis ins Lineup. Da hing ich jetzt also im Wasser. Ohne Brett, mit kaputten Muskeln und sollte nun auch noch wieder rein-schwimmen. Das war richtig übel! Es dauerte eine ganze

Zeit, bis ich mich erholt hatte. Das Paddeln tat noch lange weh. Ich musste sogar den Surfcontest ›Gunston 500‹ in Durban, Südafrika, einige Monate später absagen.«

11. »Ich war in Sunset auf Hawaii draußen und paddelte in eine Dreieinhalb-Meter-Welle. Plötzlich baute sich ein kleiner Hubbel auf der Welle vor mir auf. Ich raste mit hoher Geschwindigkeit rein und wurde nach vorn geschleudert. Ich brach mir die Rippe direkt über meiner Brust.«

12. »Ich surfte eine fette Tube in Backdoor auf Hawaii. Die Schaumwalze riss mich vom Brett, und ich rammte mir meine eigene Nose in die Rippen. Ich brach mir eine Rippe unter der rechten Brust.«

13. »Mit 13 Jahren knallte ich bei einer Session zu Hause mit dem rechten Knie aufs Riff. Das musste mit sieben Stichen genäht werden.«

14. »Als ich noch jung war, surfte ich zu Hause an einem Beachbreak in eine Tube. Ich fiel rein, und mein Brett wirbelte an der Leash durch die Gegend. Die Finne zerschnitt mir den rechten Fuß. Er musste mit sieben Stichen genäht werden.«

15. »Im Sommer 2004 ging ich bei einem Juniorencontest auf Kauai an den Start. Am Ankunftstag ging ich an meinem Homespot noch mal auf eine Abendsession zum Surfen. Wir hatten soliden Swell aus Süden. Ich paddelte draußen in eine Linkswelle. Es war bestimmt eineinhalb bis zwei Meter hoch. Zwischendurch kamen auch mal Zweieinhalb-Meter-Brecher durch. Ich ließ es eher ruhig angehen. Ich paddelte nicht in die ganz kritischen Bereiche der Welle und hatte einfach nur Spaß. Normalerweise brechen an dem Spot auch keine Tubes. Aber an diesem Tag ging es ziemlich ab. Es sah aus wie Teahupoo in klein. Ich schnappte mir eine Welle, griff mit der Hand an die Kante und war direkt in der Tube. Als ich gerade die zusammenstürzende Lippe hinter mir fühlte, rauschte plötzlich das explodierende Weißwasser auf mein Heck. Die Tube über mir brach völlig unvermittelt zusammen, und ich wurde wie eine Dose zusammengedrückt. Ich spürte meinen Fuß erst an meinem Schienbein und dann, wie mein ganzes Bein bis auf Hüfthöhe gerissen wurde. Es tat tierisch weh. Ich bekam totale Panik, als könnte ich nicht mehr schwimmen. Zum Glück kam ich schnell aus dem Wasserberg raus. Ansonsten wären sicherlich mehrere Sets über mich gerauscht. Ich kam wieder auf mein Brett und rutschte in Bauchlage rein. Glücklicherweise standen meine Freunde schon parat und brachten mich direkt ins Krankenhaus. Es gab zahlreiche Risse und Überdehnungen in den Bändern, Sehnen und Muskeln, und ich zog mir einen Haarriss im Sprunggelenk zu. Das war heftig! Da sollten am Abend noch 65 Kinder anreisen, die mit mir im Contest surfen und in meinem Camp wohnen wollten, und ich war auf Krücken unterwegs. Noch viel schlechter war aber, dass ich mit

Rang vier noch sehr aussichtsreich in der WCT Tour platziert war ... und dann diese Verletzungen zwei Wochen vor dem nächsten Event in Malibu.«

16. »Diese Verletzung holte ich mir im Sommer 2005, als ich mir in einer fetten Welle das Sprunggelenk verdrehte. Erst vier Monate später konnte ich wieder ohne Tapeverband am Fuß surfen. Ich war zusammen mit Keala Kennelly auf Kauai auf einem Jetski unterwegs. Keala und ich fingen damit gerade erst an, und wir mussten lernen, wie man fährt und sich gegenseitig in die Wellen zieht. Wir schnappten uns die erste Welle weiter drinnen, um vorab die Größe zu checken. An dem Spot gibt es keinen Channel, an dem keine Wellen brechen. Da bricht es einfach close out auf die Sandbank. Die Welle brach also auch einfach irgendwann zusammen, und das Weißwasser floss langsam auseinander. Plötzlich baute es sich aber wieder auf. Wir waren schon nahe am Strand. Ich dachte, man könnte einfach über das Weißwasser reiten und wieder rausfahren. Unsere Bretter hatten wir zwischen unseren Füßen abgestellt. Leider wurden wir von dem Weißwasser schwer durchgeschüttelt und auf den Strand geschoben. Als wir am Strand standen und versuchten, den Jetski durch den Shorebreak zurück aufs Meer zu schieben, merkte ich, dass mein linker Fuß gebrochen war. Das war echt unheimlich. Die Wellen waren gar nicht mal so groß, aber der Jetski schon, und wir waren ja total allein da draußen. Wir waren also echt aufgeschmissen. Der Fuß war an zwei Stellen gebrochen, und das sechs Wochen vorm ersten Contest der Saison. Ich begann mit einer intensiven Therapie, damit es schneller heilte. Normalerweise brauchen Knochen sechs bis acht Wochen, um zu heilen, danach kannst du sie erst wieder richtig belasten. Das heißt, ich konnte bis zum Conteststart nicht mal laufen. Und das heißt wirklich nur laufen, nicht surfen. Ich ließ meinen Fuß nicht eingipsen, damit meine Muskeln in der Zeit nicht zu stark abbauten. Ich war stundenlang in der Reha und bekam Akupunktur und Massagen. Zwei Wochen vor dem ersten Event war der Knochen fast wieder hergestellt. Allerdings war er noch nicht wieder vollständig zusammengewachsen. Er war ja an zwei Stellen gebrochen. Ich flog also nach Kalifornien zu meinem Bruder und zu dem Spezialisten Kent Ewing und bekam dort eine spezielle Physiotherapie. Dabei werden die Muskelverspannungen gelöst und die verletzten Körperteile besser durchblutet. Außerdem bekam ich Anwendungen mit einem magnetischen Feld, wodurch die Knochen schneller wachsen sollen. Nach nur einer Woche begann ich wieder zu laufen. Es tat zwar noch weh, aber ich lief. Vier Tage bevor der Roxy Pro Contest an Snapper Rocks in Australien anfing, begann ich wieder zu surfen. Am Ende schaffte ich es immerhin bis ins Halbfinale.«

Epilog
»Genieße dein Leben in vollen Zügen. Lebe den Moment. Nimm jede Herausforderung an, auf welchem Level du auch immer surfst!«

Fortsetzung von Seite 165

Traurige Beispiele:

Am 23. Dezember 1994 flog der hawaiiansische Surfer Mark Foo nach Kalifornien, um in Maverick's zu surfen. Maverick's war damals der aufkommende Big-Wave-Spot. Der Tag war groß, aber nicht gigantisch, und Foo stürzte, was aber gar nicht weiter schlimm aussah. Keiner bekam zunächst mit, dass er nicht wieder auftauchte. Erst später fanden einige Surfer, die mit dem Boot zurück in den Hafen fahren wollten, Foos Leiche. Er trieb direkt neben seinem Surfbrett. Wahrscheinlich war er unter Wasser in eine Aushöhlung im Riff oder unter eine Kante gedrückt worden. Oder er hatte sich mit seiner Leash unter Wasser verhakt. Vielleicht hatte er durch den Sturz auch das Bewusstsein verloren. Foo war einer der besten Big-Wave-Surfer weltweit. Jetzt war er einfach ertrunken.

Knapp ein Jahr später paddelte eine Crew Surfer an einem großen Tag in Waimea Bay raus. Sie wollten mit der Session Mark Foo gedenken. Ausgerechnet hier stürzte der Kalifornier Donnie Solomon und ertrank. Solomon war beim Rauspaddeln in ein großes Set geraten. Anstatt das Board wegzustoßen und abzutauchen, versuchte Donnie noch über die Welle zu paddeln. Er wurde mitgerissen und ertrank.

1997 befand sich der Hawaiianer Todd Chesser auf Maui, um einen Stunt für den Film *Riding Giants* zu drehen. Chesser wurde dafür bezahlt, in Jaws absichtlich zu stürzen. Er sollte so tun, als ob er ertrinken würde. Doch er lehnte ab, verließ Maui wieder und kehrte nach Oahu zurück, wo ein massiver Swell angesagt war. Einige sagten später, er habe sich doch entschieden, den Valentinstag mit seiner Freundin zu verbringen. Andere meinten, er wollte nicht in einem Film mitspielen, bei dem Jetskis zum Surfen eingesetzt werden, weil er die Nutzung von Jetskis in großen Wellen ablehnte. Auf Oahu paddelte Chesser dann mit seinen Freunden Aaron Lambert und Cody Graham beim vorgelagerten Riff Alligator Rock raus. Die drei gerieten mitten in ein riesiges Set, das plötzlich wie aus dem Nichts auftauchte, und Chesser ertrank. Lambert und Graham entgingen nur knapp dem Tod. Sie brauchten anschließend Stunden, um mit ihrem ertrunkenen Freund zurück zum Strand zu schwimmen. Die große Ironie daran ist, dass Chesser wahrscheinlich überlebt hätte, wenn ein Jetski in der Nähe gewesen wäre.

1994 überlebte der erst 16-jährige Jay Moriarity einen brutalen Wipeout in Maverick's, der viel schlimmer als der Sturz war, der Mark Foo getötet hatte. Jay schaffte es damit aufs Cover des bekannten *Surfer Magazines* und wurde zum Star. Sieben Jahre später war Jay auf den Malediven, um ein spezielles Big-Wave-Training für Wipeouts zu absolvieren. Dabei taucht man bis auf den Meeresgrund und setzt sich dann in einer Art Yogapose nieder, um den Körper an eine langsamere Verbrennung von Sauerstoff zu gewöhnen. Irgendetwas ging dabei schief, und Jay Moriarity ertrank.

Nachdem über 50 Jahre überhaupt nichts passiert war, ertranken vier der erfahrensten Surfer weltweit innerhalb von nur zehn Jahren.

Surfers Lexikon

Wahine nennt man auf Hawaii liebevoll Frauen, die surfen.

Rochelle Ballards Geheimwaffen: Der Acai Smoothie

Vertraut man auf den Geschmack von Profisurferin Rochelle Ballard ist das »der Ferrari unter den Acai Smoothies!«

Zutaten:
- 1 Packung Acaibeeren
- 1 Handvoll frische Blaubeeren
- 1 Banane
- ¼ Tasse Nüsse deiner Wahl (ich bevorzuge Macadamia- oder Walnüsse)
- 1 halbreife Mango oder Papaya (oder die gerade aktuellen Früchte der Saison)
- 2 Esslöffel geriebene Kokosnuss
- 1½ Tassen Kokosnusswasser (etwas mehr für einen flüssigeren Shake oder weniger für eine cremigere Konsistenz)
- 2 Esslöffel Enzym-basiertes Eiweißpulver mit Omega-3-Fettsäure, Früchten, Gemüse und Chlorophyll
- ¼ Tasse Mangold oder Spinat

Rochelle Ballard mit ihrer Geheimwaffe.

Rochelle empfiehlt: »Eine gesunde Ernährung ohne Junkfood, unbehandelte Nahrungsmittel und wenig Zucker stärken den Körper. Antioxidantien zum Beispiel aus Acaibeeren, Früchten, Kokosnusswasser oder Gemüse hemmen das Risiko von Entzündungen und beugen Krebs vor. Alle möglichen Gifte lassen Gehirn und Gewebe schneller altern. Eine gute Menge Wasser am Tag sorgt für genügend Flüssigkeit im Körper und spült alles regelmäßig durch.

Eiweiß ist außerdem ein guter Zusatz für länger anhaltende Energie. Gerade wenn du deinen Körper ordentlich strapaziert hast, wenn du ausgegangen bist und ein paar Drinks zu viel hattest, ist die Ernährung besonders wichtig. Mit Kokosnusswasser, Acaibeeren und viel Wasser kommst du umgehend wieder auf den Damm. Wir schlagen ja alle mal über die Stränge. Aber mit den richtigen Hausmitteln wird man schnell wieder fit.«

Achte auf deinen Kopf

Ratschläge von Skylar Peake

Skylar Peake ist ein 24-jähriger Surfer und Surflehrer aus Malibu.

»Richtig fallen gehört beim Surfen zum A und O, zumindest, wenn du den Sport mit möglichst wenig Schmerzen genießen willst. Beim Stürzen den Körper und vor allem den Kopf zu schützen muss dir als Surfer in Fleisch und Blut übergehen. Einerlei, wie erfahren du bist: Irgendwann ist es soweit, dass du von deinem Brett getroffen wirst und es dich verletzt.

Ich surfe seit meinem fünften Lebensjahr. Meine erste Verletzung von einer Finne zog ich mir mit zehn Jahren bei einem lokalen Surfcontest in Jalama Beach, Kalifornien, zu. Ich bekam die Finne an meine linke Wange. Man sieht noch heute die Narbe, 15 Jahre später.

Ich gebe schon seit zehn Jahren Surfunterricht. Zu den wichtigsten Dingen, die ich den Leuten erkläre, gehört das Schützen des Kopfes. Eine der Grundvoraussetzungen dafür ist, dass man den Spot und die Swellbedingungen kennen und möglichst immer wissen muss, was das Board macht, wenn man stürzt. So kann man am besten verhindern, dass das Brett einen trifft.

Wenn du im Tiefen ins Wasser fällst, falle so weit weg wie möglich vom Brett und tauche sofort weg. Wenn du tiefer abtauchst, verhinderst du automatisch einen Crash mit deinem Brett. Außerdem rauscht die Welle über dich hinweg, ohne dass du durchgewaschen wirst. Denn auch beim Waschgang bekommt man das Brett oft ab.

Wenn du in flacheres Wasser fällst, versuche ebenfalls von deinem Board wegzukommen. Versuche dabei möglichst breit und flach zu stürzen, damit du nicht zu tief eintauchst und auf den Meeresboden knallst. Wenn du glaubst, dass du auf jeden Fall den Boden treffen wirst, roll dich lieber zusammen, um den Aufprall abzufedern. Schling deine Arme um den Hinterkopf. Es ist immer besser, mit den Armen zuerst aufzuschlagen als mit dem Kopf, egal ob da ein Riff oder eine Sandbank lauert. Es ist auch sehr wichtig, nicht mit gestreckten Beinen voran vom Brett abzuspringen. Der Einschlag kann zu schweren Knie- oder Gelenksverletzungen führen.

Mein Freund Jesse Billauer schlug 1996 in Westward Beach, Kalifornien, mit dem Kopf zuerst auf eine Sandbank und ist seitdem querschnittsgelähmt. Das war wirklich ein schrecklicher Unfall, weil Jesse eigentlich ein sehr erfahrener Surfer war. Deshalb kann ich nicht genug darauf hinweisen, wie wichtig es ist, Kopf und Nacken zu schützen. Wenn du unter einer Welle durchtauchst, kannst du das machen, indem du deine Arme schützend vor deinem Kopf ausstreckst, so wirst du nicht zuerst mit dem Kopf aufschlagen.

Die meisten Zusammenstöße mit dem eigenen Brett führen zu Platz- oder Schnittwunden durch die Finnen oder zu blauen Flecken. Mir wäre ein geschwollener Arm auf jeden Fall immer lieber als eine Platz- oder Schnittwunde. Du kannst deinen Kopf schützen, indem du deine Arme x-förmig um den Kopf verschränkst. Dabei ziehst du dein Kinn in Richtung Brust. Jede Welle ist anders, und jeder deiner Stürze wird anders sein. Dennoch empfehle ich dir, die Bedingungen immer genau abzuchecken und deinen Kopf stets zu schützen.

Es ist auch wichtig, dass die Leash die richtige Länge hat, damit sie nicht immer auf dich zuschleudert, wenn du stürzt. Eine Leash sollte normalerweise 10 bis 30 Zentimeter länger sein als das Surfbrett. In größeren Wellen wird sich deine Leash auch stärker dehnen, wenn du reinfällst. Entsprechend kommt dein Brett dann auch schneller zurückgeschossen. Eine dünnere Leash dehnt sich ebenfalls stärker. Es ist aber nicht nur wichtig, dass du deinen Kopf schützt, wenn du ins Wasser fällst, sondern auch nach dem Auftauchen. Es kommt oft vor, dass dein Brett hochgeschleudert wird, wenn du den Abgang machst, und die Leash an deinem Fuß lässt es dann direkt auf dich hinabsausen.

Nimm dich vor deinem eigenen Surfbrett in acht

Du musst den Spot und die Swellbedingungen kennen und möglichst immer wissen, was dein Board macht, wenn du stürzt. So kannst du am besten verhindern, dass das Brett dich trifft.

Skylar Peake schützt seinen empfindlichen Kopf – und natürlich sein teures Paddel – bei einem Sturz während einer SUP-Session.

2005 machte ich einen Bootstrip in Indonesien. Nach einem Abgang auf der kleinsten Welle bekam ich tatsächlich die Finnen auf den Kopf und war direkt ohnmächtig. Ich wachte erst wieder auf, als mich die nächste Welle traf. Ich hatte einen bösen Schnitt, der mein linkes Ohr in zwei Hälfen trennte. Die Leash hatte das Brett zurückschnappen lassen und damit meinen Surftrip frühzeitig beendet. Ich hatte damit einfach nicht gerechnet.

Nach zehn Stunden mit dem Boot in Richtung Padang und weiteren zwei Stunden im Flieger nach Singapur musste ich mich dort erst einmal behandeln lassen, bevor ich nach Amerika weiterreisen konnte. Spätestens seit diesem Unfall weiß ich, dass man seinen Kopf auch in kleinen Wellen immer schützen muss.«

Der Waschgang

Zu einem Waschgang kommt es durch die Strudelbewegung in einer Welle, die das Wasser, dein Brett und dich selbst herumwirbelt.

Der Unfall von Jack Johnson

Wie ein Surfunfall das Leben des Jack Johnson veränderte

Selbst wenn du direkt an einem Surfspot aufgewachsen bist und er quasi dein Zuhause ist, kann es dich genau da erwischen. So wie Jack Johnson in Pipeline, als er gerade kurz davor war, Profisurfer zu werden.

Nach seinem heftigen Sturz war Jack vorübergehend schwer gezeichnet. Sein Leben hat sich nach dem Unfall für immer verändert. Hätte Jack nicht diesen heftigen Wipeout in Pipeline gehabt, wäre sein Soundtrack zu dem Film *Curious George* sicherlich nicht einmal halb so gut geworden.

Jack wurde 1975 geboren. Seine Eltern waren Surfer, seine Brücer ebenso. Jack wuchs an der North Shore direkt bei Pipeline auf. Bereits mit zehn Jahren surfte Jack das erste Mal in Pipeline. Er kannte den Spot in- und auswendig. Aber dennoch erwischte es ihn ausgerechnet hier.

1992 schaffte Jack mit gerade mal 17 Jahren die Qualifikation zu den Pipeline Masters, eine Riesensache für einen jungen Surfer aus Hawaii. Keine zwei Wochen später stürzte er. Er schlug auf das Riff, verlor zahlreiche Zähne und musste mit 150 Stichen am Kopf wieder zusammengeflickt werden. Während seiner zweimonatigen Zwangspause beschäftigte sich Jack viel mit seiner Musik. Er entschied sich schließlich gegen eine Profikarriere und ging stattdessen nach Santa Barbara an die Universität von Kalifornien, um Film zu studieren.

1997 machte Johnson an der UCSB seinen Abschluss in Filmwissenschaften. 1998 produzierte er den Surffilm *Thicker Than Water* mit den Malloy-Brüdern aus Ventura, Kalifornien. Auch sie haben ihre Surfer-Sporen in Pipeline verdient. Chris Malloy wurde in den 1990er-Jahren durch einen heftigen Sturz in Pipeline sogar berühmt. Das Foto tauchte in diversen Surfmagazinen auf. Bei der Arbeit an *Thicker Than Water* nahm Jack auch ein Lied mit G. Love für den Soundtrack auf. 2002 produzierte Jack zusammen mit Kelly Slater den Surffilm *September Sessions*. Im selben Jahr überzeugten ihn Ben Harper und sein Produzent JP Plunier, das Album *Brushfire Fairytales* aufzunehmen. Das Album wurde mit Platin ausgezeichnet. Gleich im nächsten Jahr nahm er sein nächstes Album *On and On* auf, das mehr als eine Million Mal verkauft wurde. Es ist unwahrscheinlich, dass das alles geschehen wäre, wenn Jack nicht 1992 so krass in Pipeline gestürzt wäre. Seine Mutter kann heute noch nicht glauben, wie reich und berühmt ihr Sohn geworden ist: »Ich dachte, du wolltest Surfprofi werden!«, kommentiert sie seine Leistung noch heute.

Die Jungs waren alle topfit. Sie wussten immer genau, was die taten, und trotzdem hat das Meer sie genommen.

Yoga für Surfer

Profisurferin Rochelle Ballard rät: »Viele Menschen möchten ein ausgeglichenes und bewusstes Leben führen. Und genau das ist so faszinierend an Yoga, am Surfen oder auch an Wellness. Wenn ich meinen Körper beim stundenlangen Surfen oder an einem stressigen Tag stark beansprucht habe, ist Yoga genau der richtige Ausgleich. Es entgiftet dich, es stimuliert die Muskeln und Gelenke und baut Spannungen und Schmerzen ab.

Wenn du regelmäßig Yoga machst, kräftigt es dich von innen, stärkt die Muskeln, dehnt den ganzen Körper und sorgt für eine gesunde Körperhaltung. Du hast mehr Energie und bist belastbarer. Es beugt Verletzungen vor, und du fühlst dich jünger.

Die Atemübungen bauen Stress ab. Man wird viel ruhiger und überwindet seine Ängste. Du hast mehr Lebensfreude und immer ein Lächeln auf den Lippen. Das Leben macht mit Yoga einfach noch mehr Spaß!«

Rochelle Ballard – Yogaübung am Strand.

Der Sonnengruß: Vorwärtsbeuge, der herabschauende Hund, die Liegestützposition, der heraufschauende Hund. Die Vorteile fürs Surfen: Deine Muskeln werden angeregt. Dein oberer und unterer Rücken, deine Arme, Beine und Füße werden gekräftigt. Die Grundkraft in den tief liegenden Oberkörpermuskeln wird gestärkt. Deine Wirbelsäule verlängert sich. Deine hinteren Oberschenkelmuskeln und die Hüftstrecker werden gedehnt. Deine Brust öffnet sich. Das alles zusammen steigert deine Konzentration und dein Körperbewusstsein.

Das halbe Rad

Die Vorteile fürs Surfen: Dein Nacken wird gedehnt. Stärkung der Gesäß-, Rücken- sowie der hinteren Oberschenkelmuskulatur. Es belebt die müden Beine. Mit ausreichender Kraft in den Beinen kannst du kraftvollere Turns surfen. Außerdem wird dein Balancegefühl verbessert.

Das Kamel
Die Vorteile fürs Surfen: öffnet die Brust, entspannt die Brustmuskeln, Schultern und Arme.
Besonders angenehm, wenn man viel paddeln musste. Es kräftigt auch die Gesäßmuskulatur und
öffnet deine Hüftstrecker.

Bein- und Hüftöffnung, Bauch- und Wirbelsäulendrehung
Die Vorteile fürs Surfen: vergrößert die Beweglichkeit der Beine und der Hüften. Dadurch kommt mehr Dynamik in deine Turns. Die Dehnungen beugen Verletzungen der Knie und des unteren Rückens vor. Die Wirbelsäule wird verlängert und aktiviert.

Positionen im Stehen
Auch durch diese Übungen wird die Kraft in den Beinen vergrößert, Gleichgewichtssinn und Koordination werden verbessert – der ganze Körper wird stabilisiert. Das alles zusammen führt zu kraftvollerem Surfen, weniger Stürzen und mehr Spaß auf dem Wasser.

Qigong verhilft dir zu
mehr Lebensenergie. Wer
regelmäßig Qigong oder Yoga
praktiziert, bleibt fit, voller
Energie und fühlt sich jung
und gesund den ganzen Tag
hindurch.

Meditation und Atemübungen stärken deinen gesamten Körper. Du baust Stress und Ängste ab. Energie wird aufgebaut. Du fokussierst dich auf die wirklich wichtigen Dinge im Leben. Also dann: Lebe dein Leben, um Glück zu finden, nicht nur um zu überleben. Namaste!

Surfspots und Schulen für Anfänger

In dieser Liste findest du einige der besten Surfschulen und Anfänger-spots in den USA und auf der ganzen Welt. Die Liste kann natürlich niemals vollständig sein. Aber das hier ist sicherlich ein guter erster Überblick.

Malibu in Kalifornien ist einer der bekanntesten Surfspots der Welt.

Afrika

Ghana
Busua, Westregion
United Surfcamps – Surfcamp Ghana
www.unitedsurfcamps.com

Marokko
Taghazoute, Agadir
Surf Maroc
www.surfmaroc.co.uk

Surf Berbere
www.surfberbere.com

Pureblue Surf Adventures
www.purebluewater.com

Südafrika
Muizenberg, Kapstadt
Learn 2 Surf
www.learn2surf.co.za

Gary's Surfschule
www.garysurf.com

Surfshack
www.surfshack.co.za

Jeffreys Bay, Ostkap
Surf Masters Surf School
www.jeffreysbaytourism.org

Wavecrest Surf School
www.jeffreysbaytourism.org

Ubuntu Jeffreys Bay Surf School
www.jaybay.co.za

United Surfcamps –
Surfcamp South Africa
www.unitedsurfcamps.com

Port Elizabeth, Ostkap
Learn 2 Surf – Port Elizabeth
www.learn2surf.co.za

East London, Ostkap
Learn 2 Surf – East London
www.learn2surf.co.za

Dolphin Bay Surftouren
www.sunshine-coast.co.za

Durban, KwaZulu-Natal
South Beach
Learn 2 Surf – Durban
www.learn2surf.co.za

Roxy Surf School
www.roxysurfschool.co.za

Amerika

Florida
Cocoa Beach
Ron Jon Surfshop
www.ronjonsurfshop.com

The Goods Surf and Skate
www.thegoodsshop.com

Hawaii
Waikiki, South Shore, Oahu
In Waikiki Beach gibt es jede Menge Surf-shops, Läden, in denen man Boards mieten kann, und professionelle Surflehrer, die nur darauf warten, dir das Surfen beizubringen. Aber der Platz, auf den auch Adam Sandler schwört, ist:
Hans Hedemann Surf
www.hhsurf.com

Launiupoko, Maui
Goofy Foot Surfschule
www.goofyfootsurfschool.com

Maui Surfer Girls
www.mauisurfergirls.com

Hanalei, North Shore, Kauai
Hanalei Surf
www.hanaleisurf.com

Kalifornien
Linda Mar, Pazifik
Nor Cal Surf Shop
www.norcalsurfshop.com

**Cowell's Beach, Lighthouse Point,
Santa Cruz**
Richard Schmidt Surfschule
www.richardschmidt.com

Club Ed
www.club-ed.com

Mondos, Faria Point, Ventura County
Santa Barbara Surfschule
www.santabarbarasurfschool.com

Surfclass.com
www.surfclass.com

Soul Octopus
www.souloctopus.com

Surfrider Beach, Malibu
Carla Rowland, Surflehrerin
www.carlarowland.com

Zuma Jays Surfshop
www.zumajays.com

John Philbin
www.johnphilbin.com

San Onofre State Park, San Clemente
Paskowitz Surfcamp
www.paskowitz.com

Tourmaline Surfing Park, San Diego
Pacific Beach Surfschule
www.pacificbeachsurfschool.com

La Jolla Shores, La Jolla
Surf Diva
www.surfdiva.com

Maine
Oqunquit
Liquid Dreams
www.liquiddreamssurf.com

York
Liquid Dreams
www.liquiddreamssurf.com

Maryland
Ocean City
Billabong Camps: OC Groms Surfschule
www.kcoast.com

Massachusetts
Nantucket
Force 5 Watersports

Nantucket Island Surfschule
www.surfack.com

Nantucket Surfari Surfcamp
www.nantucketsurfari.com

**Coast Guard Beach,
Cape Cod National Seashore**
Pump House Surf Co.
www.pumphousesurf.com

Nauset Sports
www.nausetsports.com

Michigan
New Buffalo
Third Coast Surfshop
www.thirdcoastsurfshop.com

New Hampshire
Jenness Beach, Rye
Cinnamon Rainbows
www.cinnamonrainbows.com

New Jersey
Sea Isle City
Heritage Surf and Sport
www.heritagesurf.com

New York
Robert Moses State Park
The Surf School
www.thesurfschool.com

Bunger Surfshop
www.bungersurf.com

North Carolina
Outer Banks
Corolla Surfshop
www.corollasurfshop.com

Wrightsville Beach
Sweet Water Surfshop
www.sweetwatersurfshop.com

Oregon
Ossies Surfshop
www.ossiessurfshop.com

Lincoln City Surfshop
www.lcsurfshop.com

Rhode Island
Narragansett Town Beach
Gansett Juice
www.gansettjuice.com

South Carolina
Folly Beach
Ocean Surfshop
www.oceansurfshop.com

McKevlins
www.mckevlins.com

Texas
South Padre Island
South Padre Surf Company
www.southpadresurfcompany.com

Galveston
Surf Specialities
www.surfspecialities.com

Virginia
Virginia Beach
Wave Riding Vehicles
www.waveridingvehicles.com

17th Street Surfshop
www.17thst.com/surfcamp

Titus International
www.titus-international.com

Billabong Camp
www.billabongcamps.com

Surfspaß in Gold Coast, Australien.

Kanada
Frank Island, Tofino, British Columbia
Surf Sister
www.surfsister.com

Barbados
Surfer's Point
Zed's Surfing Adventures
www.zedssurftravel.com

Surfer's Point Guest House

Fiji
Tavarua Island
www.tavarua.com

Namotu Island
www.namotuislandfiji.com

Asien

Indonesien
Kuta Beach
Rip Curl Surfschule
www.ripcurlschoolofsurf.com

Pro Surfschule – Bali
www.prosurfschool.com

Bukit Peninsula
Padang Padang Surfcamp
www.balisurfingcamp.com

Roti, Timor
Nemberala Beach Resort
www.nemberalabeachresort.com

Japan
Kugenuma Beach, Shonan
T-Stick Surfshop und Sea Surfing School
www.t-sticksurf.com

Sri Lanka
Arugam Bay
Surf 'N' Sun Guest House
www.go-lanka.com

Broulee Learn to Surf School
www.brouleesurfschool.com.au

Taiwan
Jin Shan
Kenting Surfshop Surf School
www.kentingsurfshop.com.tw

Surfschüler der Nexus Surf School in Florianopolis, Brasilien, bereiten sich auf den Ritt im Wasser vor.

Australien/Neuseeland

Noosa Head, Queensland
Learn to Surf – Noosa
www.learntosurf.com.au

Noosa Surf Lessons
www.noosasurflessons.com.au

Currumbin Beach, Gold Coast, Queensland
Surf Easy
www.surfeasy.com.au

Greenmount Beach, Coolangatta, Gold Coast, Queensland
Walkin' on Water
www.walkinonwater.com

Surfer's Paradise, Gold Coast, Queensland
Cheyne Horan Surfschule
www.cheynehoran.com.au

Surf in Paradise
www.surfinparadise.com.au

Rainbow Bay, Gold Coast, Queensland
Gold Coast learn to surf centre
www.goldcoastsurfingcentre.com

Byron Bay, New South Wales
Style Surfing
www.stylesurfingbyronbay.com

Sunrise Surfing Byron Bay
www.sunrisesurfing.com

South Palm Beach, Sydney, New South Wales
Matt Grainger's Palm Beach Surfschule

Manly, Sydney, New South Wales
Manly Surfschule
www.manlysurfschool.com

Cronulla, Sydney, New South Wales
Cronulla Surfing Academy
www.cronullasurfingacademy.com

Fisherman's Beach, Torquay, Victoria
Torquay Surfing Academy
www.torquaysurf.com.au

Torquay Main Beach, Victoria
Southern Exposure Surfschule

Scarborough Beach, Perth, Westaustralien
Learn to Surf – Perth
www.surfschool.com

Perth go Surf
www.academyofsurfing.com/
schools-scarborough

Neuseeland

Auckland
New Zealand Surf 'N' Snow Tours
www.newzealandsurftours.com

Mount Maunganui
New Zealand Surf School
www.nzsurfschools.co.nz

Raglan
Raglan Surfing School – Neuseeland
www.raglansurfingschool.co.nz

Europa

England

Sedgewell Cove, Bigbury-on-Sea, South Devon
Discovery Surf School
www.discoverysurf.com

Newquay, Cornwall
Rip Curl English Surfing Federation
www.englishsurfschool.com

Errant Surf School
www.errantsurfschool.com

Reef Surf School
www.reefsurfschool.com

Escape Surf School
www.escapesurfschool.co.uk

Quiksilver Surf School, Newquay
www.quiksilvernewquay.com

Polzeath, Cornwall
Surfs up Surf School
www.surfsupsurfschool.com

Croyde, North Devon
Surfing Croyde Bay
www.surfingcroydebay.co.uk

Frankreich
Biarritz
Nomad Surfers Surfing Holidays –
Biarritz Surfcamp, Schule und Touren
www.nomadsurfers.com

Hossegor
The Natural Surf Lodge
www.naturalsurflodge.com

Nomad Surfers Surfing Holidays –
Hossegor Surf House, Schule und Touren
www.nomadsurfers.com

Lacanau
Aola Surfschule
www.aolasurfschool.com

Bo and Co Surflessons
www.bocosurf.com
Seignosse
Seignosse Surfschule
www.seignosse-surf-school.com

Irland
Bundoran
Turf 'N' Surf Lodge and Surf School
www.turfnsurf.ie

Der Strand Playa Nosara in Costa Rica, Sitz der Safari Surf School.

Bundoran Surf Co.
www.bundoransurfco.com

Surf Coach Ireland
www.surfcoachireland.ie

Kanarische Inseln
Fuerteventura
Quiksilver Surf School
www.quiksilver-surfschool.com

Lanzarote
Calima Surf Lanzarote
www.calimasurf.com

Surf School Lanzarote
www.surfschoollanzarote.com

United Surfcamps – Surfcamp Lanzarote
www.unitedsurfcamps.com

Gran Canaria
United Surfcamps –
Surfcamp Gran Canaria
www.unitedsurfcamps.com

Portugal
Figueira de Foz
Surfschule
www.surfingfigueira.com

Peniche
Peniche Surfcamp
www.penichesurfcamp.com

Baleal Surfcamp – Quiksilver
www.balealsurfcamp.com

Ericeira, Mafra, Küste bei Lissabon
Na Onda Surfschule
www.ericeirasurf.com

Surfschule Três Ondas, Ericeira
www.tresondas.de

Lagos, Algarve
Surf Experience
www.surf-experience.com

Nomad Surfers Surfing Holidays –
Carrapateira Surfcamp, Surfschule
und Surfaris
www.nomadsurfers.com

Spanien
Bilbao, Baskenland
Nomad Surfers Surfing Holidays –
Bilbao Surfcamp & Surfaris
www.nomadsurfers.com

Tapia, Asturien
Surfhouse – Tapia
www.surfhouse.org

Playa de Razo, Costa da Morte, Galicien
Surf & Rock
www.surfandrock.com

Conil de la Frontera/El Palmar, Costa de la Luz
Oceano Surf School
www.surf-school-spain.com

El Palmar Surf School
www.elpalmarsurf.com

Südamerika

Brasilien
Itacaré, Bahia
Easy Drop Surfcamp
www.easydrop.com

Rio de Janeiro
Pedro Muller Surfclub
www.escolapedromuller.com.br

Escola Carioca de Surf
www.escolacariocadesurf.com.br

Florianopolis
Surf School Evandro Santos
www.surfschoolbrazil.com

Nexus Brazil Surf Experience
www.nexussurf.com

Chile

Arica
Soul Rider Surfcamp Arica
www.soulridercamp.com

United Surfcamps – Surfcamp Chile
www.unitedsurfcamps.com

Pichilemu
Pichilemu Institute of Language Studies
www.pichilemulanguage.com

Vina del Mar
Chile Surfcamp and Trip
www.chilesurfcamp.cl

Costa Rica

Jaco Beach/Playa Hermosa
Del Mar Surfcamp
www.costaricasurfingchicas.com

Nosara
Safari Surfschule
www.safarisurfschool.com

Playa Dominical
Costa Rica Surfcamp
www.crsurfschool.com

Green Iguana Surfcamp
www.greeniguanasurfcamp.com

Playa Guiones, Nicoya Peninsula
Corky Carroll's Surf School Costa Rica
www.surfschool.net

Tamarindo
Costa Rica Surf Club
www.costaricasurfclub.com

Tamarindo Surfschule
www.tamarindosurfschool.com

Tamarindo/Witch's Rock
Blue Trailz Surfcamp
www.bluetrailz.com

Ecuador

Montanita
Casa del Sol Surf Tours
www.casadelsolsurfcamp.com

Mexiko

Cabo San Lucas
Mike Doyle Surfschule
www.cabosurfshop.com

Barras de Piaxtla, Mazatlan, Sinaloa
Nomad Surfers Surfing Holidays – Sinaloa
Surfcamp, Surfschule und Unterkünfte
www.nomadsurfers.com

Playa Troncones, Zihuatanejo
Instructional Surf Adventures Mexiko
www.isamexico.com

Mazatlan, Puerto Vallarta
East Pacific Surfcamp
www.eastpacsurf.com

Punta de Mita, Nayarit
Tranquilo Surf Adventures and Surf School
www.tranquilosurf.com

Puerto Escondido
Mexiko Surfschule
www.mexicosurfschool.com

Nicaragua

Nordnicaragua
Surf Tours Nicaragua – Surf Camps
www.surftoursnicaragua.com

Jiquilillo, Nordnicaragua
Monty's Jiquilillo Surf Camp
www.nicaraguasurfbeach.com

Rancho Santana, Tola
The Surf Sanctuary
www.thesurfsanctuary.com

San Juan del Sur, Rivas
Nicaragua Surf Report Surf School
www.nicaraguasurfreport.com

Playa Gigante, Rivas, Südnicaragua
Giant's Foot Surf – Nicaragua
www.giantsfoot.com

Panama

Morro Negrito
Panama Surfcamp
www.panamasurfcamp.com

Kagenuma Beach in Shonan ist mit der Bahn schnell von Tokio aus zu erreichen und daher bei den Japanern sehr beliebt, die sich vom Stress der Großstadt erholen wollen.

Playa Rio Mar, San Carlos
Rio Mar Surf- und Skatecamp
www.riomarsurf.com

Bocas del Toro
Azucar Surf
www.azucarsurf.com

Bocas del Toro Surf School
www.bocassurfschool.com

Peru
Playa Negra/Punta Hermosa
Calima Surf – Surf School Peru
www.surfcampholidays.com/peru_surfing/
surfcamp/surfschool_peru.php

North, Little North, Lima & Little South
Peru Surf Guides
www.perusurfguides.com

Little South/Lima
Olas Peru Surfreisen
www.olasperusurftravel.com

Puerto Rico
Rincon
Surf 787
www.surf787.com

Rincon Surf and Board
www.surfandboard.com
Isla Verde, Pine Grove
Puerto Rico Surf School
www.gosurfpr.com

Der Surferslang

Surfer und Landratten unterscheiden sich schon in ihrer Sprache. Wenn man mit der Sprache der Surfer nicht vertraut ist, kann einem ein Gespräch zwischen zwei Surfern über ganz gewöhnliche Dinge schon mal wie eine Unterhaltung von Außerirdischen vorkommen. Schau dir also genau unser Glossar an, und steig schon mal ein in die Surfersprache.

Der berühmte Surfer Miki Dora reitet um 1960 Tandem auf einem Surfbrett mit einer Partnerin (links). Wie der Name schon sagt, geht man beim Aerial in die Luft (rechts).

Abgehen: Wenn der Swell konstant läuft, der Tidenstand richtig ist und der Wind aus optimaler Richtung und mit optimaler Stärke weht.

Abtauchen: Wenn ein Surfer stürzt, hofft er, dass ihm genau das gelingt. Man versucht so weit wie möglich unter die Wasseroberfläche zu kommen. Bestenfalls so weit, dass die Welle einen nicht mehr mitreißen kann.

Aerial: Ein Manöver für Fortgeschrittene, bei dem ein Surfer mit viel Geschwindigkeit über einen steilen Teil der Welle springt und dabei durch die Luft fliegt. Bestenfalls landet er auch wieder auf der Welle und surft weiter.

Aggro: Ein australischer Ausdruck für einen sehr aggressiven Surfstyle oder einen aggressiven Surfer.

Airdrop: Wenn ein Surfer von der Schulter der Welle ins Tal rutscht und dabei kurzzeitig komplett den Kontakt zur Welle verliert, spricht man vom Airdrop. Das ist allerdings kein Aerial. Manchmal macht man das auch mit Absicht, und dann macht es viel Spaß, besonders wenn man auf dem Brett stehen bleibt. Ein Airdrop führt aber auch oft zu bösen Stürzen.

All-time: Nutzen Surfer als Superlativ, um zum Beispiel einen Tag mit beispiellos guten Wellen, ein besonders gutes Manöver oder auch alles andere, was mit Surfen zu tun hat, zu beschreiben, wenn es besonders gut war.

Aloha: Eine hawaiianische Grußformel. Bedeutet so viel wie »Hallo«.

Amped: Aufgeregt, voller Energie.

Arvo: Ein australischer Ausdruck für nachmittags. Wird von immer mehr Surfern genutzt.

Auflandig: Die Kurzform für »auflandigen Wind«. Normalerweise sind das die Windverhältnisse, die gute Surfbedingungen zunichtemachen. Einige Big-Wave-Surfer in Waimea mögen allerdings eine leichte auflandige Brise, weil sie so leichter in die Welle gedrückt werden.

Ausbremsen: Vor einem anderen Surfer auf der Welle surfen, sodass dieser in eine ungünstige Position auf der Welle gerät.

Ausspucken: Wenn die Luft explosionsartig aus einer Tube gepresst wird und den Surfer mit herausdrückt, spricht man davon, dass die Welle ihn ausspuckt.

Ausstieg: Ein Manöver, das man am Ende einer Welle macht, um den Ritt zu beenden.

Back: Gemeint ist die Rückseite der Welle. Einige Surfer messen die Höhe der Welle an der Rückseite.

Backdoor: An einem Peak starten gute Surfer meistens ziemlich weit rechts am Peak, wenn sie zum Beispiel nach links surfen wollen. Sie ziehen dann praktisch durch die Hintertür, also backdoor, direkt in die Tube.

Backwash: Wenn eine Welle den Strand hochschwappt und dann zurück ins Meer läuft, kann der Backwash entstehen. Wenn eine anrollende Welle gegen diesen Backwash prallt, hat man auf der Welle entweder besonders viel Spaß, weil sie sehr steil wird, oder man fällt direkt rein.

Baggies: Früher nannte man so die Surfshorts – kurze Hosen, die bis über das Knie reichen.

Bail: Ein Ausweichmanöver, wenn Gefahr droht. Man wirft einfach sein Brett von sich; zum Beispiel, wenn man unter einer Welle

Aggro:

Ein australischer Ausdruck für einen sehr aggressiven Surfstyle oder einen aggressiven Surfer.

durchtauchen muss oder wenn man auf einer Welle reitet, die vor einem zusammenfällt.

Ballistic: Wenn man beim Surfen etwas auf sehr hohem Niveau tut.

Barrel: Der hohl brechende Teil einer Welle, der Wellentunnel.

Beef: Wenn man sich am Strand oder auf dem Wasser streitet oder sogar kämpft. Kommt ursprünglich aus Hawaii.

Blow it: Wenn du einen Fehler machst.

Boil: Ungeordnetes Weißwasser über einem flachen Riff oder einer Untiefe.

Bombe: Eine große Welle. Eine Welle, die größer ist als die restlichen in einem Set oder die größte Welle des Tages.

Bombing: Wenn die Wellen konstant groß brechen.

Bonzer: Ein Surfbrett mit drei Finnen, das in den 1970er- und 1980er-Jahren bekannt wurde und als Vorgänger des Thrusters gilt.

Booger: Eine abwertende Bezeichnung für einen Boogieboarder. Boogieboarder werden auch Toastbrotsurfer genannt.

Bottom: Ist entweder die Unterseite eines Surfbretts oder der Meeresgrund. Kann sich aber auch auf das Wellental beziehen, zum Beispiel beim Bottom Turn.

Bowl: Ein Teil der Welle, der durch tiefes Wasser besonders hohl und steil wird. Eine Welle kann entweder direkt am Anfang, aber auch an anderen Teilen zu einer Bowl werden.

Bro: Surfer nennen sich untereinander oft so. Die hawaiianische Form von Bro ist Brah.

Burn: Bedeutet in etwa das Gleiche wie reindroppen oder eine Welle stehlen. Ein Surfer verstößt gegen die bekannten Vorfahrtsregeln, wenn er vor einem anderen surft, der näher zum brechenden Teil der Welle fährt.

Bust: Bedeutet zum Beispiel, dass man ein Manöver ausführt.

Carve: Vom Carven spricht man, wenn man einen besonders scharfen Turn surft. Man carvt zum Beispiel einen Cutback oder einen Bottom Turn. Es ist ein Kompliment für einen Surfer, wenn man ihm sagt, dass er seine Turns carvt.

Caught inside: Davon spricht man, wenn sich ein Surfer auf einer besonders ungünstigen Position auf der Welle befindet, nämlich auf der falschen Seite des brechenden Teils. Um dem zu entgehen, versucht ein Surfer über die Welle, unter ihr hindurch oder mitten durch die Welle zu paddeln. Manchmal klappt das. Von »caught inside« spricht man auch, wenn man Massen an Weißwasser gegenübersteht.

Cave: So nennen Amerikaner auch die Tube oder Barrel, weil der brechende Teil einer Welle manchmal die Form einer Höhle bildet.

Chandelier: Am Ausgang der Tube versperrt ein schnell brechender Wasserteppich den Weg nach draußen.

Classic: Ein Adjektiv, das Surfer gern benutzen. Wellen, Surftage, eine Ära des Surfens, Surfbretter, Manöver, Partys, Mädels, Jungs, Witze oder Situationen, das alles können echte Klassiker sein.

Clean: Sehr gute Surfbedingungen. Wenn Wind, Gezeiten und Strömungen optimal zusammenpassen und die Wellen besonders perfekt laufen.

Close out: Wenn eine Welle oder eine Section in einem Stück bricht, bricht es close out.

Cloudbreak: Das sind Wellen, die weit draußen auf dem Meer brechen, fast schon am Horizont.

Bust:
Bedeutet zum Beispiel, dass man ein Manöver ausführt.

Cooking: Ein etwas aus der Mode geratener Begriff für gute Surfbedingungen.

Cover Up: Ein Ritt in einer Tube, in der man nicht so tief drin ist. Die Amerikaner nennen das auch »locked in«.

Cranking: Wenn alle positiven Faktoren für gute Surfbedingungen zusammenkommen und es konstant perfekt brechende Wellen gibt.

Cruise: Ein sehr lässiger Surfstil, nicht aggressiv.

Cutback: Bezeichnung eines Turns, den man normalerweise an der Wellenschulter ganz oben ausführt, damit man zurück zum brechenden Teil der Welle fährt, wo sie die meiste Energie hat.

Da kine: Ein hawaiianischer Ausdruck, der eigentlich etwas sehr Gutes ausdrückt, aber auch viele andere Sachen bedeuten kann.

Dawn patrol: Wenn man noch vor Sonnenaufgang surfen geht. Einige Surfer lieben das, andere überhaupt nicht. Aber so bekommt man seine ersten Wellen schon, bevor die ganze Masse anrückt oder der Morgenwind aufkommt.

Deep/deeper: Mit »tief« kann man die Wassertiefe beschreiben. Es geht dabei aber auch um die Position des Surfers auf der Welle. Je näher man am brechenden Teil surft, umso tiefer ist man auf der Welle. Gute Surfer können eine Welle tiefer anpaddeln als weniger gute.

Delam: Die Kurzform von delaminieren. Ein Schaden beim Surfbrett, bei dem sich Harz oder Laminat vom Kern des Brettes löst. Das kann durch starke Sonneneinstrahlung und Hitze oder durch wiederholten Druck mit dem Knie oder einem anderen Körperteil auf immer wieder dieselbe Stelle passieren.

Dialed: Wenn man etwas verstanden hat oder weiß, wie man etwas besonders gut macht.

Dodgy: Bedeutet so viel wie sehr schlecht oder mies.

Double up: Wenn eine größere Welle eine kleine Welle überholt, werden sie manchmal zu einer. Das nennt man dann »double up«. Das kann schon beim Takeoff geschehen oder bei einer Section auf der Welle. Ein Double up kann zu einem richtig guten Ritt oder einem heftigen Sturz führen.

Down the line: Von down the line spricht man, wenn eine Welle wie eine saubere Wand steht, wie man das oft bei Pointbreaks sieht, zum Beispiel in Rincon/Puerto Rico oder Jeffreys Bay/Südafrika. Damit sind auch die Bereiche gemeint, die ein Surfer genau vor sich hat, wenn er eine Welle entlangschießt.

Draining: Der Bereich einer besonders hohl brechenden Welle, an dem das ganze Wasser vom Riff oder von der Sandbank gesaugt wird.

Drilled: Wenn man stürzt oder heftig von einer Welle erwischt wird.

Drop: Der Start eines Ritts vom Peak aus.

Drop in: Das kann zwei Bedeutungen haben. Bei einem Takeoff tut das sozusagen jeder Surfer. Man spricht aber auch von »drop in«, wenn ein Surfer auf eine Welle geht, auf der bereits ein anderer surft.

Duckdive: Eine Technik für Fortgeschrittene, um mit dem Brett unter einer Welle durchzutauchen. Man nutzt die Energie der Welle, um nach unten gedrückt zu werden und dann ohne Schaden auf der anderen Seite der Welle wieder herauszukommen.

Dump: Ähnlich wie beim Closeout bricht die Welle auf einmal zusammen. Man kann sie dann nicht mehr surfen.

Dialed:

Wenn man etwas verstanden hat oder weiß, wie man etwas besonders gut macht.

Einspitzeln: Eine Form des Stürzens beim Surfen. Die Nase des Bretts taucht dabei zuerst unter.

Erneut aufbauen: Wenn weit draußen auf dem Meer eine große Welle bricht, entsteht aus dem auslaufenden Weißwasser manchmal eine neue Welle, sobald der Meeresgrund flacher wird. Surfen in Wellen, die sich neu aufbauen, ist besonders an großen Tagen auf Hawaii beliebt. Man kann dann mehrere Wellen in Folge reiten.

Fade: Hier gibt es zwei Bedeutungen – 1. Nach einem Takeoff fährt ein Surfer manchmal direkt zurück in den brechenden Wellenteil, um den Ritt zu beenden. 2. Ist das auch ein anderer Begriff für drop in.

Feuern: Wenn alle Faktoren perfekt zusammen passen und die Wellen sehr gut sind.

Flats: Nicht der ganz steile Teil der Welle, sondern die Schulter.

Floater: Ein Manöver, bei dem der Surfer mit viel Geschwindigkeit und ausgereifter Technik beispielsweise über einen Teil Weißwasser auf einer Welle schliddert, statt unten herum zu fahren. Kelly Slater beherrscht das wie kein anderer.

Freier Fall oder **Freefall:** Das kann beim Wellenritt passieren, wenn das gesamte Brett mit Kanten und Finnen komplett den Kontakt zur Wasseroberfläche verliert. Das geschieht oft nach einem Take-off oder wenn man einen riskanten Turn an einem steilen Teil der Welle surft.

Frontside: Der Surfer schaut mit dem Gesicht genau auf die Welle. Das Gegenteil nennt man backside.

Full on: Wenn ein Surfer einfach alles gibt.

Gaff: Ein kurzer, kräftiger Turn.

Gegenströmung: Eine Strömung, die entsteht, wenn das Wasser auflaufender Wellen in einem sogenannten Channel zurück ins Meer strömt. Solche Strömungen können sehr gefährlich sein, und Menschen können dadurch ertrinken. Gute Surfer machen sich solche Strömungen zunutze, um sich hinaus ins Lineup treiben zu lassen.

Glassy: Ein wunderschöner Anblick, wenn der Ozean einfach so daliegt, kein Lüftchen weht und das Wasser so glatt wie Glas ist.

Gnarly: Eine Situation, die gefährlich und riskant ist.

Goofy: Wenn ein Surfer mit dem rechten Fuß vorn auf dem Brett steht. Sein Gesicht schaut dann Richtung Welle, wenn er nach links surft.

Grabstein: Wenn ein Surfer stürzt, dann unter Wasser gedrückt wird und dabei sein Surfboard an der Wasseroberfläche bleibt, sieht dieses aus wie ein Grabstein. Da Surfer und Brett über die Leash miteinander verbunden sind, steht das Brett oft senkrecht. Das Heck wird leicht unter Wasser gezogen, und die Nose richtet sich himmelwärts aus. Man kann sich vorstellen, wie es dem Surfer unter Wasser dann geht.

Grommet: Ein australischer Ausdruck für einen jungen Surfer. Man spricht da auch von Gremlin oder kurz Grom.

Gun: Ein langes Brett, das bei großen Wellen genutzt wird.

Hack: Ein besonders aggressiv gefahrener Turn.

Hang loose: Ein hawaiianischer Ausdruck, der normalerweise von der Shaka-Handbewegung mit abgespreiztem Daumen und kleinen Finger begleitet wird. Man drückt damit eine sorglose, entspannte Lebenseinstellung aus.

Hang time: Das ist die Zeitspanne, die ein Surfer in der Luft ist, wenn er einen Aerial springt.

Flats:

Nicht der ganz steile Teil der Welle, sondern die Schulter.

Haole: Die hawaiianische Wendung für »fremd« oder »Fremder«. Es wird im Zusammenhang mit Pflanzen, Tieren oder Menschen genutzt und hat oft einen negativen Unterton. Ein Haole ist in der Regel nicht willkommen.

Hawaiianisches Maß: Ein Maß für die Einschätzung der Wellenhöhe, das sich zum Beispiel von der australischen oder anderen Methoden unterscheidet. Hawaiianer untertreiben häufig bei der Schätzung der Wellenhöhe im Vergleich zu anderen Surfnationen. Sie messen die Höhe der Welle in der Regel von hinten. Eine 1,80 Meter hohe Welle geschätzt von einem Hawaiianer ist daher meistens sehr viel höher als eine 1,80 Meter hohe Welle in Kalifornien oder Frankreich.

Heat: Eine Runde in einem Surfwettbewerb, sie dauert zwischen 15 Minuten und einer Stunde.

Heavy: Beschreibung für eine besonders wagemutige Handlung oder eine gefährliche Situation oder Sache. Zum Beispiel kann eine Welle heavy sein oder auch die Position eines Surfers auf der Welle.

Hold down: Oft ist das eine besonders beängstigende Erfahrung, wenn man nach einem Sturz besonders lange unter Wasser gehalten wird. Bei einem Hold down kann ein Surfer beweisen, wie lange er die Luft anhalten kann – und natürlich, ob er cool bleibt. Einen Hold down, der dich zwei oder drei Wellen lang unten hält, sollte man möglichst vermeiden.

Hole: Eine Welle, die mit viel Kraft und in einem leichten steilen Bogen auf einen flachen Untergrund bricht, nennt ein Surfer hohl. Das kann ablandiger Wind, ein bestimmter Gezeitenstand oder Strömung bewirken.

Hot dog: Damit beschreiben amerikanische Surfer einer Surfer, der extrem viele Manöver auf einer Welle macht. Eigentlich ist der Ausdruck etwas veraltet und geht zurück auf die 1960er-Jahre. »Ein alter Knabe kann kein Hotdogger mehr sein«, hat der Surfer Sam Reid 1966 mal gesagt. Aber auch heute benutzen noch einige Surfer diesen Ausspruch.

Howzit?: Eine Wendung aus dem hawaiianischen Kauderwelsch. Die Frage nach dem Befinden einer Sache, eines Ortes oder einer Person.

Impact zone: Der Bereich, an dem die Wellen brechen. Die Wellenlippen schlagen auf die Wasseroberfläche. Das Wasser brodelt hier und ist voller Schaum.

In Bauchlage: Die frühen Big-Wave-Surfer, die noch keine Leash trugen, beschrieben damit eine Situation, in der sie, wenn sie es nicht schafften aufzustehen oder die Welle close out brach, auf dem Bauch liegend die Welle runterrutschten. Heute verlassen sich Surfer in erster Linie auf ihre Leash, aber es gibt immer noch Situationen, in denen man versucht, so aus dem Gefahrenbereich zu kommen.

In Position: Wenn eine Welle kommt, gibt es gute und schlechte Plätze, wo man sie erwarten kann. Wenn man in Position oder am richtigen Spot ist, heißt es, dass man tief genug sitzt, um einen guten Ritt zu schaffen, aber eben nicht so tief, dass man einfach nur stürzt. Die beste Position hängt von der Welle und den Fähigkeiten des Surfers ab.

Insane: So beschreiben Surfer oft die Action auf dem Wasser oder die guten Surfbedingungen.

Insane:

So beschreiben Surfer oft die Action auf dem Wasser oder die guten Surfbedingungen.

Inside: Der Ort bei einem Surfspot, der näher am Strand liegt. Hier sind die Wellen nicht mehr so groß und haben auch nicht mehr so viel Kraft. Die meisten Surfer machen draußen ihren Takeoff und reiten dann bis ins Inside.

Jacked/jacking: Wenn sich eine Welle plötzlich aufbäumt und dann schnell und kraftvoll bricht.

Kona: Der vorherrschende Wind auf Hawaii ist der Passat. Er weht von Nordosten nach Westen. Manchmal weht auf Hawaii aber auch der seltene südliche Konawind. Dann werden viele gute Surfspots schnell sehr schlecht. Hingegen sind plötzlich Spots, die sonst mies sind, richtig gut. Außerhalb von Hawaii sprechen Insider häufig auch von Kona, wenn sie Wind meinen, der nicht aus der normalen Richtung weht.

Kook: Ein unerfahrener oder schlechter Surfer.

Korallenriff: Viele berühmte Wellen brechen auf ein Korallenriff, z.B. Teahupoo, Lance's Rights und die meisten Spots in Polynesien und Indonesien. Korallenriffe können einem sehr üble Verletzungen zufügen.

Landlord: So nennen Australier oft den Hai. »Manchmal geht der Hausherr (Landlord) um und verlangt seine Miete.«

Lineup: Der Bereich in einer Welle, der sich am besten für einen Takeoff eignet. Einige Lineups sind immer an derselben Stelle, während andere ihre Position verändern können, abhängig von der Swellrichtung, den Strömungen, den anderen Surfern oder den eigenen Fähigkeiten.

Lippe: Die Wellenlippe ist der Teil einer brechenden Welle, der gerade ins Wellental herunterfällt.

Lolo: Der hawaiianische Begriff für verrückt.

Mahalo: Der hawaiianische Ausdruck für Dankeschön.

Mental: Ein Surfer, der besonders radikale und verrückte Manöver macht.

Mini-Gun: Ein Surfbrett zwischen 2 und 2,50 Meter Länge. Länger als ein normales Shortboard, aber kürzer als eine Big Wave Gun.

Mystischer Spot: Ein Surfspot, der weit draußen auf dem Meer nur bei ganz speziellen Konstellationen bricht. Oder ein Spot an einem verbotenen Strandabschnitt.

Neo: Kurzform für Neoprenanzug

North Shore: Es gibt auf der Welt viele Inseln oder auch Seen mit einem Strand an der Nordseite. Aber in der Surfwelt bezeichnet der North Shore immer die nördliche Küste der hawaiianischen Insel Oahu. Ein elf Kilometer weiter Küstenabschnitt, an dem einige der weltbesten Surfwellen brechen.

Off its face: Das sagen amerikanische Surfer, wenn die Wellen richtig gut sind.

Old school: Jedes Surfbrett, jeder Klamottenstil, jeder Surfstil, jegliche Haarmode oder jeder andere Stil, der zehn Jahre und älter ist als der gerade angesagte Stil.

Outside: Der Bereich an einem Surfspot, an dem die Welle anfängt zu brechen oder noch etwas dahinter. Surfer rufen manchmal »Outside!«, wenn sich ein Set nähert.

Out the back: Der australische Ausdruck für Outside. Diese Wendung hat sich langsam in der Surfersprache etabliert.

Over the falls: Wenn ein Surfer von ganz oben vom Wellenkamm ins Wellental stürzt.

Passatwinde: Winde aus den tropischen Breiten, die sehr regelmäßig von östlichen in westliche Richtungen wehen. Das regelmäßige

Over the falls:

Wenn ein Surfer von ganz oben vom Wellenkamm ins Wellental stürzt.

Auftreten entsteht durch die Erdrotation. Auf Hawaii wehen diese Winde von Nordosten nach Südwesten. Diese regelmäßigen Winde wehen auch an einigen anderen bekannten Surfspots und sind der Grund dafür, dass diese Spots so besonders gut sind.

Pipeline: Einer der bekanntesten Surfspots der Welt. Ein Riff an der North Shore von Oahu, Hawaii. Wer ein richtig guter Surfer werden will, muss diese Welle bezwungen haben.

Pit: Der Bereich einer Welle, in dem die Wellenlippe ins Wellental herunterfällt und sich die Wasserwand besonders steil aufbaut. Das nennt man auch die Bowl.

Pitching: Wenn die Wellenlippe beim Brechen der Welle weit nach vorn ins Wellental geschleudert wird, sagt man, dass sie »ordentlich wirft«.

Pitted: Wenn ein Surfer tief in die Tube geht.

Pointbreak: Ein Surfspot, der von dem physikalischen Phänomen der Brechung profitiert. Ein anrollender Swell trifft an einem Riff auf eine flache Stelle und beginnt zu brechen. Daneben ist das Wasser tiefer, und der Swell läuft hier schneller, bevor er bricht. Das führt zu den besten Surfspots der Welt. Zum Beispiel Noosa in Australien, Jeffreys Bay in Südafrika oder Rincon und Malibu in Kalifornien.

Pumping: Wenn konstanter Swell anrollt, die Wellen Kraft haben und von guter Qualität sind.

PWC: Bei Amerikanern ist ein Personal Watercraft oder PWC zum Beispiel ein Jetski. Es gab Zeiten, da haben sich Surfer und Jetskifahrer nicht besonders gut verstanden. Heutzutage werden Jetskis aber genutzt, um Surfer in große Wellen zu ziehen, und von Rettungsschwimmern weltweit für die Wasserrettung eingesetzt.

Radikal: Vielleicht das am weitesten verbreitete Adjektiv im Surferslang. Wenn etwas radikal ist, ist es besonders gut, aggressiv, riskant oder schnell.

Rampe: Ein steiler Bereich in der Welle, perfekt, um Aerials zu springen oder andere radikale Manöver zu surfen.

Rash: Eine aufgescheuerte Hautstelle, die zum Beispiel durch den Kontakt mit Surfwachs, Sand im Surfwachs oder von Nähten des Surfanzugs entstehen kann. In Ausnahmefällen auch, wenn die Haut mit Materialien im Surfanzug oder in der Boardshorts reagiert.

Raushauen: Ein Surfer, der einen Aerial springt.

Rauskommen: Wenn man ein Manöver erfolgreich abschließt, zum Beispiel heil wieder aus der Tube kommt.

Reef break: Eine Welle, die über Steinen, einem Korallenriff oder irgendetwas anderem außer Sand bricht.

Re-entry: Ein recht alter Ausdruck für ein Manöver, bei dem man über einen Bereich aus Weißwasser gleitet und dann zurück in die Welle kommt und weiter surft. Heute nennt man das Floater.

Regular foot: Ein Surfer, der mit dem linken Fuß vorn auf dem Surfbrett steht. Er schaut auf die Welle, wenn er nach rechts reitet. Reitet er nach links, steht er mit dem Rücken zur Welle auf dem Brett.

Reinziehen: Wenn ein Surfer in der Tube reiten will, muss er reinziehen. Das ist allerdings nicht immer eine gute Idee, denn einige hohe Wellen lassen einem keine Chance zu entkommen. Reinziehen lässt dir also oft eine Chance von 50 zu 50.

Rampe:

Ein steiler Bereich in der Welle, perfekt um Aerials zu springen oder andere radikale Manöver zu surfen.

Retro: Wenn Surfer sich etwas zunutze machen, was aus einer vergangenen Surfära stammt.

Rhino chaser: Ein eigentlich alter, aber immer noch cooler Ausdruck für ein Big-Wave-Surfbrett.

Riesenwellen: Solche Riesenwellen kommen immer wieder auf dem offenen Meer vor. Sie werden für das Sinken oder die Beschädigung von großen Schiffen verantwortlich gemacht. Zum Beispiel wurde die »Edmund Fitzgerald« auf den Großen Seen oder die »Queen Elizabeth 2« auf dem Atlantik von solchen Riesenwellen getroffen.

Rippen: Ein Surfer, der rippt, surft mit einem aggressiven Style.

Rocker: Das ist die Biegung, in der ein Surfbrett gebaut ist. Man sieht den Rocker am besten, wenn man das Brett seitlich vom Heck zur Nose betrachtet. Oft meinen die Surfer damit auch nur den Bereich der Nose, wie sehr das Brett also im vorderen Bereich aufgebogen ist.

Rock up: Das ist eigentlich ein australischer Ausdruck, der durch den regen Austausch der Surfkulturen, aber auch im internationalen Surfslang auftaucht. Es bedeutet, dass man irgendwo ankommt, zum Beispiel an einem Surfspot.

Sandbank: Hier brechen zum Beispiel surfbare Wellen.

Schaum: Kleine Bläschen, die sich beim Einschlagen der Wellenlippe bilden, nennt man Schaum, wenn diese in dichter Masse eng aneinander haften.

Schaumball: Tief drin in einer Tube entsteht so eine Schaumwalze von der Wellenlippe, die unten ins Wellental stürzt. Diese Walze hat enorm viel Kraft. Die besten Surfer können ihr entkommen oder sie sogar für sich ausnutzen, um aus der Tube herauszukommen.

Schlitzen: Beschreibt den kraftvollen, aggressiven Surfstil eines sehr guten Surfers.

Schwert: Ein ganz alter Ausdruck für eine Surfbrettfinne. Wird aber manchmal noch verwendet.

Scratch: So bezeichnet man besonders starkes Paddeln.

Sections: Besonders steile Bereiche in einer Welle.

Session: Die Zeitspanne, in der man zum Surfen auf dem Wasser ist.

Set: Wellen kommen normalerweise in Gruppen, auch Sets genannt. Einige Sets haben nur eine Welle, andere haben 20 Wellen oder mehr. Normalerweise gilt dabei, je mehr Wellen in einem Set sind, desto besser. – Es sei denn, du liegst davor und bekommst eine Welle nach der anderen auf den Kopf.

Setpause: Die Phase bei einem Swell, in der kein Set mit Wellen einrollt.

Shacked: Eine Wendung aus den frühen 1990er-Jahren für einen Surfer, der in der Tube fährt.

Shaka: Eine hawaiianische Geste mit der Hand, bei der der Daumen und der kleine Finger abgespreizt werden. Die Shaka-Geste kann vieles bedeuten, zum Beispiel »Hallo«, »Auf Wiedersehen« oder »Gut gemacht«.

Shaper: Die Kurzform für einen, der Surfboards baut. Eine Spezies, die immer überarbeitet ist, viel zu wenig Geld verdient und sich täglich giftigen Materialien aussetzt, aber handwerklich wahre Wunder vollbringt!

Shifty: Wenn die Wellen aus allen Richtungen kommen und an verschiedenen Stellen brechen, sodass kaum ein Lineup zu erkennen ist, sprechen Surfer von shifty.

Shorebreak: Wenn Wellen direkt auf den Strand brechen, nur einige Zentimeter oder maximal einen Meter entfernt vom Sand,

Schlitzen:

Beschreibt den kraftvollen, aggressiven Surfstil eines sehr guten Surfers.

spricht man von Shorebreak. Shorebreak-Wellen kann man normalerweise nicht reiten.

Shredden: Davon spricht ein Surfer, wenn er eine Welle besonders aggressiv surft.

Shut down: Das bedeutet dasselbe wie close out. Ein Teil der Welle bricht direkt vor dem Surfer auf einmal zusammen und beendet damit seinen Ritt.

Sick: Ein Synonym für »richtig gut«.

Sideshore-Wind: Wenn der Wind weder ablandig weht, was in der Regel gut für die Welle ist, noch auflandig, was eher schlecht ist, spricht man von sideshore. Der Wind weht dann genau seitlich zur Welle. Je nach Welle kann das gut oder schlecht sein.

Single fin: Bis in die 1970er hatten alle Surfbretter immer nur eine einzelne Finne. Mit den Twinsern und den Thrusterboards kamen Bretter mit nur einer Finne aus der Mode. Heute gibt es nur noch wenige Longboarder und vereinzelt auch Shortboarder, die mit nur einer Finne surfen.

Slab: Ein heftiger Reefbreak. Der Swell kommt aus tiefem Wasser und trifft sehr plötzlich auf besonders flachen Meeresgrund.

Slot: Der gute Bereich einer Welle, wo sie die meiste Energie hat.

Smoking: Davon sprechen Surfer, wenn die Surfbedingungen optimal sind.

Snake: Es kann bedeuten, dass man einem anderen Surfer in die Welle dropt. Oder dass man um einen Surfer herumpaddelt, um sich eine bessere Position zu verschaffen.

Soup: So bezeichnen amerikanische Surfer das gebrochene Weißwasser. Dieser Begriff ist allerdings nicht sehr verbreitet.

Spit: Die Energie aus Schaum, Luft und Wasser im Inneren einer Welle versucht oft, der Welle zu entweichen, und wird dann seitlich aus der Tube herausgedrückt. Der Surfer spricht dann vom Spit der Welle.

Stand: Die Fußstellung eines Surfers auf seinem Brett. Hawaiianer surfen manchmal sogar mit parallel positionierten Füßen. Das nennen sie »Bully Style«. Moderne Surfer fahren aber entweder goofy oder regular.

Steinfisch: Von all den Pflanzen oder Tieren unter Wasser, auf die ein Surfer besser nicht treten sollte, ist dieser Fisch bestimmt das Schlimmste.

Stick: Ein etwas veralteter Ausdruck für ein kurzes Surfbrett.

Stoked: Beschreibt ein Gefühl der Begeisterung, normalerweise nach einem Tag mit sehr guten Wellen.

Stringer: Eine Schiene aus Holz oder anderem Material in der Mitte eines Surfbretts. Es verleiht dem Schaumkern mehr Stabilität und Flexibilität. Die meisten Surfbretter haben einen Stringer. Einige Longboards haben aber auch mehrere.

Stylish: Wenn man etwas mit viel Anmut, Leichtigkeit und Eleganz tut. Ein Surfer kann stylish sein, wenn er einen Oldtimer fährt, wenn er stylishe Klamotten trägt, mit einem besonders hübschen Mädel (bzw. Jungen) am Strand auftaucht oder wenn er in einer ganz bestimmten Art surft und paddelt. Was den richtigen Style ausmacht, ändert sich von Jahr zu Jahr, von Ära zu Ära und manchmal sogar täglich.

Stoked:
Beschreibt ein Gefühl der Begeisterung, normalerweise nach einem Tag mit sehr guten Wellen.

SUP: Stand Up Paddling. Eine neue Art des Surfens, die auf die alten Beachboys aus Waikiki zurückgeht. SUPer reiten auf sehr langen Surfbrettern, die viel Auftrieb haben. Sie nutzen Paddel, um sich auf dem Wasser fortzubewegen und Wellen anzupaddeln. Sie surfen im Stehen.

Surfari: Eine Kombination aus »Surf« und »Safari«. Ein alter Begriff für eine Reise, auf der man gute Wellen sucht.

Surfbar: Das Gegenteil von unsurfbar. Surfbare Wellen sind zwar alles andere als perfekt, aber sie sind immer noch groß genug und laufen so, dass man Spaß haben kann.

Surf rat: So nennt man manchmal junge Surfer, weil sie oft wie ertrunkene Ratten aussehen, wenn sie aus dem Wasser kommen.

Sweet: Eine Äußerung, mit der ein Surfer seine Zustimmung bekundet.

Swinging wide: Manchmal wandern Wellen, die die ganze Zeit an derselben Stelle gebrochen sind, einfach an einen anderen Platz auf dem Riff. Die amerikanischen Surfer nennen solche Wellen »Swinger«.

Takeoff: Der Start in eine Welle.

Tandem: Davon spricht man, wenn zwei Surfer gleichzeitig auf einem Surfbrett stehen.

Tear: Eine weitere Bezeichnung für einen aggressiven Wellenreitstil. Ähnlich wie »rippen« oder »schlitzen«.

Tow Surfing: Noch fast eine Innovation im modernen Surfsport, die auf die frühen 1990er-Jahre zurückgeht. Surfer nutzen Personal Watercrafts, wie zum Beispiel Jetskis, um sich in die Wellen ziehen zu lassen, die zu groß und zu heftig sind, um sie selbst anzupaddeln.

Tri fin: Ein Surfbrett, das eine Finne in der Mitte und zwei weitere Finnen an den Seiten hat. Man nennt diese Bretter auch Thruster-boards.

Twin fin: Ein Surfboard mit zwei Finnen.

Walled up: Wenn Wellen sehr schnell und zum Teil überall auf einmal brechen, können sie zwar noch surfbar sein, aber die Surfer sprechen dann von walled up. Nur sehr gute Surfer können in solchen Wellen noch surfen.

Wasserrettung: Das sind Rettungsschwimmer oder andere ausgebildete Retter, die während Surfwettbewerben oder auch beim freien Surfen darauf achten, dass sich alle richtig verhalten. Im Notfall stehen sie natürlich auch zur Rettung bereit.

Wedge: Wenn eine Welle vom Strand zurück Richtung Meer läuft, also der sogenannte Backwash, und dabei auf eine anrollende Welle stößt, schaukelt sich das Wasser auf, wenn diese beiden Wellen aufeinandertreffen.

Wipeout: Das blüht dem Surfer, wenn der Ritt wenig erfolgreich endet. Solche Stürze können ganz unterschiedlich aussehen. Ein Wipeout kann unmittelbar beim Start oder am Ende einer Welle passieren, aber natürlich auch zu jedem anderen Zeitpunkt.

Walled up:

Wenn Wellen sehr schnell und zum Teil überall auf einmal brechen, können sie zwar noch surfbar sein, aber die Surfer sprechen dann von walled up. Nur sehr gute Surfer können in solchen Wellen noch surfen.

Register

Über den Autor

Ben Marcus ist genau der Junge, vor dem dich deine Mutter sicher immer gewarnt hat. Als Surfer und Skater wuchs er in den 1970ern in Santa Cruz, Kalifornien, auf. In einer Zeit, als jeder Muschelketten und O'Neill-Surfanzüge trug, lange blonde Haare hatte und zu Honk, Blind Faith oder Jimi Hendrix rockte. In keinem anderen Zeitalter konnte man dem Surfen so leicht verfallen. Ben war ein begeisterter kleiner Surfer, der im Osten von Santa Cruz am Pleasure Point und im Winter auch am Yachthafen oder an der Flussmündung surfte.

Nach seinem High-School-Abschluss reiste Ben auf der Suche nach perfekten Wellen um die ganze Welt. In den 1980er-Jahren schrieb er eine Kurzgeschichte über seine Surfabenteuer im spanischen Baskenland und schickte sie an das *Surfer Magazine*. Das Magazin stellte ihn daraufhin als Redakteur ein. In den folgenden zehn Jahren schrieb er zahlreiche Reportagen und Geschichten, über die Veränderungen im Surfsport, die Entdeckung von Maverick's, das aufkommende Tow-Surfen, die neue Schule des Surfens und über Stars wie Lisa Andersen, Kelly Slater und Laird Hamilton.

Heute geht Ben immer noch so oft wie möglich surfen, reist nach wie vor sehr viel und schreibt für das *Surfer's Journal* und andere Publikationen. Er ist Autor der Bücher *Surfing USA!*, *The Surfboard* und *Surfing & Meaning of Life*, die im Voyageur Verlag erschienen sind, sowie zahlreicher anderer Bücher und Publikationen für andere Verlage.

Ein Porträt des Autors als junger Surfer in Malibu, Kalifornien, in den 1970er-Jahren.

Ybt Wel